休闲高尔夫
XIUXIAN GAOERFU

梁志华　编著

上海交通大学出版社
SHANGHAI JIAO TONG UNIVERSITY PRESS

内容提要

本书为高尔夫基础教材,全书共 7 章,分为两部分。理论部分包括高尔夫运动的起源与发展、高尔夫运动的特点、属性与礼仪、高尔夫球场与装备、高尔夫赛事、高尔夫产业。实践部分包括高尔夫运动技术。本教材适合高尔夫教育教学机构(如大学生选修课程、高尔夫培训机构的理论课程等)使用,可供广大高尔夫爱好者、高尔夫初学者阅读。

图书在版编目(CIP)数据

休闲高尔夫 / 梁志华编著. —上海:上海交通大学出版社,2022.9(2024.1 重印)
ISBN 978 - 7 - 313 - 27321 - 5

Ⅰ. ①休… Ⅱ. ①梁… Ⅲ. ①高尔夫球运动—高等学校—教材 Ⅳ. ①G849.3

中国版本图书馆 CIP 数据核字(2022)第 155657 号

休闲高尔夫
XIUXIAN GAO'ERFU

编　　著:	梁志华			
出版发行:	上海交通大学出版社	地　　址:	上海市番禺路 951 号
邮政编码:	200030	电　　话:	021 - 64071208
印　　制:	常熟市文化印刷有限公司	经　　销:	全国新华书店
开　　本:	787 mm×1092 mm　1/16	印　　张:	10.75
字　　数:	262 千字			
版　　次:	2022 年 9 月第 1 版	印　　次:	2024 年 1 月第 2 次印刷
书　　号:	ISBN 978 - 7 - 313 - 27321 - 5			
定　　价:	52.00 元			

序

　　高尔夫运动在世界上已有几百年的发展历史,在欧美发达国家是一项非常普及的休闲运动,近年来在发展中国家也得到快速的发展。自1984年我国第一家高尔夫球场建成以来,我国高尔夫运动在改革开放的大潮中,走过了37年的跌宕起伏之路。这其中有人们对高尔夫运动的偏见,有高尔夫球场野蛮增长付出的沉重代价,也有中国职业高尔夫球员登上世界之巅带来的激动。

　　今日,高尔夫运动在我国蓬勃发展,特别是青少年高尔夫人口井喷式增长,这不仅仅是因为我国经济水平快速增长,高尔夫运动成为越来越多居民休闲运动的选择,更重要的是高尔夫运动传承"礼仪、自律、诚信、公平、友谊"的运动精神与绅士文化而受到越来越多家长的青睐。

　　《休闲高尔夫》的作者梁志华老师以访问学者的身份到达现代高尔夫运动的故乡苏格兰深入学习高尔夫运动的文化,回国后于所在大学开创了高尔夫专业教学,培养高尔夫行业人才,致力于普及与推广高尔夫运动。本著作是他从事高尔夫教育工作十余年的理解与思考,可以帮助高尔夫爱好者、高尔夫初学者快速了解高尔夫运动的文化、理解高尔夫精神、学习高尔夫技术。本书之外还配了30集教学视频,为高尔夫运动基础教学提供优秀的教学资源。

　　期待更多的高尔夫爱好者从本书受益!

吴亚初

2022年8月

前　言

　　高尔夫球运动是在充满阳光的绿色草地上开展的一种集运动、休闲、健身、娱乐和社交等为一体的体育活动。现代高尔夫运动自 20 世纪 80 年代进入中国以来，从戴着一顶被民众误认为是"贵族运动"的帽子到如今成为"绅士运动"，其过程体现出人们对高尔夫运动正确的理解。在大力提倡社会主义核心价值观的今天，发扬"绅士风度"中的积极因素，对于坚持友善、诚信、和谐的行为规范是一致的。

　　伴随高尔夫运动重返奥运会大家庭与我国高尔夫运动的规范化发展，可喜地看到越来越多的高尔夫赛事中飘起五星红旗，特别是我国女子高尔夫职业运动员冯珊珊在 2016 年里约奥运会中获得了女子季军的成绩，而且她在 2017 年底问鼎世界第一宝座，让全国上下的高尔夫从业者激动不已。

　　近年来，球场运营与管理、赛事策划、媒体传播、球具用品生产、高尔夫教育培训等相关领域得到了飞速发展，而高尔夫专业毕业人才远远无法满足行业企业发展的需求。自 1995 年深圳大学创建第一个高尔夫专业高等教育以来，至今有约 70 所高校开展高尔夫专业教育人才培养。但是在我国高尔夫专业高等教育快速发展的同时，我们清晰地看到不同教学层次的高尔夫教学存在的问题都较为严重，专业教材建设的缺位制约了高尔夫专业教育发展，特别是高尔夫基础教学中注重技术教学轻文化教学的现象较为严重，使得高尔夫专业人才在行业中的就业率不高。《休闲高尔夫》希望通过以文字与视频结合的方式引导更多高尔夫爱好者、高尔夫初学者、高尔夫从业者正确理解高尔夫运动的本质，学习高尔夫礼仪与规则，深入了解高尔夫文化与高尔夫精神，提高高尔夫专业人才培养质量。

　　本教材的编写得到了本专业学科带头人吴亚初教授的大力支持，正是吴亚初教授赠予的大作帮助我更好地梳理高尔夫运动的文化；同时感谢学校领导高瞻远瞩开展高尔夫运动专业教学并给予大力支持；感谢会稽山高尔夫俱乐部任建东总经理、詹伟春主任提供素材拍摄场地，感谢棕榈滩高尔夫俱乐部曹学云总监积极开展的实践教学，感谢欧洲职业高尔夫教练员联盟CEO 李向阳先生拍摄技术教学视频，感谢周立老师拍摄高尔夫运动规则视频，感谢聚友高尔夫学院、安吉斯高尔夫学院提供的实训教学场地，感谢高尔夫圈子的朋友给予的支持与帮助，真诚希望高尔夫行业专业人士对本书提出宝贵建议！最后感谢我的家人给予的支持！谢谢！

梁志华

2021 年 11 月

目　　录

第一部分　理　论　知　识

第二部分　实　践　教　学

第一部分

理论知识

第一章　高尔夫运动的起源与发展

本章介绍高尔夫运动的起源与发展,让人们了解高尔夫运动的前世今生。本章内容包括高尔夫运动的定义,不同的高尔夫起源学说,高尔夫运动在全世界的发展,以及在亚洲与中国的现状。

第一节　高尔夫运动的定义

美国《韦氏词典》中对高尔夫的定义是:高尔夫是使用若干支球杆,用尽量少的杆数在通常为18洞的球场打球,在各个球洞连续击球进洞的运动。

德国《杜登大词典》对高尔夫的定义是:用硬橡胶球和球杆在草地上玩的一种游戏,目的在于用尽可能少的杆数将球击入各个球洞中去。

英国《朗文词典》对高尔夫的定义是:高尔夫是一项户外运动,起源于苏格兰,由2人或4人为一组进行游戏,用球杆将一个有弹性的小球打入场中9个或18个球洞中,球洞之间距离不等。球场中分布着天然或者人造的障碍,比如沙坑、水域、树木等。把球打入每一洞时,要尽可能减少击球的次数。

中国《辞海》对高尔夫的定义是:高尔夫是一种游戏。《体育百科全书》(体育卷)说高尔夫是以棒击球入穴的球类游戏。

对于高尔夫的定义,基本上是一致的,高尔夫是一种体育运动。尤其是高尔夫运动成为2016年巴西里约热内卢夏季奥林匹克运动会正式比赛项目,充分说明了高尔夫是一项体育运动。

关于高尔夫运动,有人用高尔夫的英文GOLF进行解释。

G(green)代表绿色。绿色是大自然的主色,在绿意盎然的环境中打高尔夫是回归自然、享受自然的表现,而green除了有绿色之意以外,高尔夫术语中又表示"果岭",意为"绿中之绿的地方"。

O(Oxygen)代表氧气。氧气是生命不可缺少的元素,有绿色植物的地方氧气充足,生命也因此生机蓬勃。

L(Light)代表阳光。阳光造就生命,享受阳光就是享受生命。

F(Foot)代表步履。意指轻松自在呼吸着清新空气,健步迈向目标。也有人把F解释为friendship,代表友谊,意为高尔夫运动是一项文明高雅的运动,尊重他人,遵守高尔夫的规则和礼仪,建立起高尚的人际关系。

以上的认识也许是一种文字表述的巧合,但高尔夫是一项很好的户外体育运动,是人们普遍的认识与评价。

第二节　高尔夫运动的起源

高尔夫是一项古老的体育运动,关于其起源也是众说纷纭。据相关资料记载,其起源涉及的国家与地区包括古罗马、中国、德国、丹麦、葡萄牙、英国、法国、荷兰、美国、比利时、日本等。目前,学术专家们普遍倾向于英国(苏格兰地区)、荷兰、中国这三种起源说。

一、苏格兰起源说

高尔夫为英文"golf"的音译,其来源于苏格兰方言"gouf",含意是"击、打"。西方最早对高尔夫的文字记载见于1457年,苏格兰议会文件中,国王詹姆斯二世颁发了一项"完全停止并且取缔高尔夫球"的法令,主要是这些消遣性运动妨碍了苏格兰正常的军事射箭演练,而作为苏格兰"国术"的射箭是当时最重要的军事操练活动。这条法令说明当时的苏格兰已经非常流行这项运动。其渊源有三种说法。

(1)苏格兰地理位置、地形环境与气候条件,使得畜牧业成为早期苏格兰人的主要经济来源,传说一个牧童在牧羊的时候自娱自乐,用棍子击打小石头取乐。一次偶然把石子击入远方的兔子窝里,顿时他觉得这种"击石入窝"的游戏非常好玩,之后便常常与其他牧童一起玩这项游戏。这项游戏逐渐得到了人们的喜爱。这就是高尔夫球的锥形。

(2)据说15世纪初,驻守苏格兰北海沿岸的圣安德鲁斯城的士兵们在操练之余,经常在草地上进行一种击球入穴的游戏。这种游戏在军队中广泛流传,后来,又引起了民间青年的浓厚兴趣,更多人热衷于这项运动。皇室与贵族成员也跃跃欲试,挽袖下场了。有人认为,高尔夫运动由此而来。

(3)很久以前,英国流行一种在草场上进行的球类游戏,用类似现代曲棍球球棒的木棍,以最少次数击球,将球击入规定数目的穴内,作为娱乐活动。当时就把这种运动叫作高尔夫运动(图1-1)。

图1-1　早期打高尔夫的人们

二、荷兰起源说

荷兰人一直都不认同高尔夫起源于苏格兰的说法,他们认为最早的高尔夫是起源于荷兰的。荷兰人把一个名叫"kolven"的古老运动称为最早的高尔夫,而且他们认为这个运动是通过两国的商品贸易传进苏格兰的。"kolven"这种运动主要是人们冬季在冰面上的一种游戏,这个游戏的基本方法与现代高尔夫有着许多相似之处。荷兰史学家斯蒂文·范布勒(Steven Vanbrugh)认为,苏格兰人是从荷兰人那里学会打高尔夫的,原因是早在中世纪时,荷兰生产橡胶制品而苏格兰没有橡胶产业,荷兰人每年有许多木质、橡胶与皮质材料通过远洋运输到苏格兰。以后,生活在爱丁堡的高尔夫史学家威廉姆·沃克(William Walker),也将荷兰人的"kolven"与苏格兰的高尔夫游戏进行了比较,由此引发了不少史学家对高尔夫起源的争议。但是,很多人并不认同这种说法。反对者指出:"kolven"是一种室内运动,而高尔夫是一种户外运动,这是两者最本质的区别。而且,"kolven"运动所使用的球要比一般的高尔夫球大,球杆要比高尔夫球杆重,更重要的是这项运动所使用的杆是没有角度的。所以,人们并不认同高尔夫起源于荷兰的说法。

三、中国起源说

据史料记载,中国早在唐朝就出现了一种叫作"捶丸"的游戏。捶者击也,丸者球也,玩法是击球入窝。高尔夫与此酷似,也就是说中国的"捶丸"比西方高尔夫运动早出现一个多世纪。

"捶丸"源于马球。唐代马球兴起主要有两个原因。一是军事训练需要,"欲令四海氛烟静,杖底纤尘不敢生"。军队经常打马球,练得兵强马壮,可以保卫国家安宁。二是皇室贵族娱乐的需要,"追逐轻薄伴,闲游不着绯。长拢出猎马,数换打球衣"。唐代的马球竞赛是双球门两队对抗,互射球门,射中一次球门获得一筹,以先得十二筹为胜(见图1-2)。

图1-2　唐代马球活动

后来马球由对抗性竞赛演变成打球入门,并改球门为球窝。后来游戏竞赛方法又有进一步的发展,由打球进一个窝变成进几个窝,有了分队竞赛,并由骑马打演变为走着打,成为一种新的竞技游戏——"步打球",古代命名为"捶丸"。此即现代高尔夫球的起源。

　　元朝有一位题其书房为"宁志斋"的老人,著有《丸经》一书。书中讲到捶丸有"收其放心,养其血脉,而怡怿乎神情"的作用,并视为"训将练兵之一伎",《丸经》共2卷32章,对捶丸活动的场地、器材、打法、规则等,均有详细记载。根据地形选择场地,做成球穴。球以坚固的木料制成。棒为木竹合制。竞赛人数可为3—10人,双数可分两班比赛。竞赛方法主要是以棒击球进穴,以筹计胜负。

　　捶丸场地要求是在广阔的郊外或花园的自然地带,地形要复杂,有变化,窝与窝之间的距离在30~100米。参加比赛的队员各自选一个"基"作为起点。以打球进窝先后顺序得分,得分最多者获胜。捶丸场地最好是经常变换,不打熟窝。捶丸是用硬木制成,轻重要合乎规格,由各人自备。球棒有三种:一种叫朴棒,一种叫杓棒,一种叫撺棒。杓棒前端尖厚,形似鹰嘴,打飞起的高球时使用。朴棒、撺棒前端宽厚,打地滚球时使用。中国体育博物馆研究员崔乐泉博士介绍:"就时间而言,中国古代的捶丸竞赛规则至少在1282年就已经形成,时间比英国的高尔夫竞赛规则的确定时间早了472年(现代高尔夫球的规则最早于公元1754年由苏格兰的圣安德鲁斯高尔夫球友会制定)。"同时从技术上讲,捶丸和高尔夫运动有三大基本特征是相同的。第一,两者都有球。捶丸入窝,高尔夫球入穴,而且赛场球洞差异不大。《明宣宗行乐图》(如图1-3)中有10个洞,高尔夫球则设9个或18个洞。第二,两者都用球棒击球,所用的球技基本相同。第三,场地选择极为相似。捶丸要求以地形有平、有凸、有凹、有峻、有仰、有阻、有妨、有迎、有里、有外的园林为场地;而高尔夫球场也要求有平坦的地形,还要有凹凸粗糙不平的地段,再加上沙洼地、水沟等障碍物。因此,从捶丸同高尔夫惊人相似这一点看,二者显然具有源与流的关系。

图1-3　捶丸活动

　　山西县广胜寺水神庙壁画中记载了元代的捶丸活动(见图1-4)。图中四人,一人持棒,正待击球入穴。情境逼真,栩栩如生。

　　明朝杜堇所画的《仕女图》(见图1-5)描绘了在老松树下,两位丫鬟(相对于现在的"球童")、三位簪花仕女优雅推杆,这应该是女性打高尔夫的最早记录了。

图1-4　元代捶丸活动

图1-5　明朝仕女图

从史料记载来看,中国"捶丸"作为一个完整的体育活动项目,无论在方法、规则方面,还是在群众的广泛程度上都具有相当的规模。

拓展阅读

"捶丸"运动如何传到西方

捶丸运动从中国传到西方有两种推断:① 欧亚大陆自古就有商队往来,到了元朝,蒙古人发起了大规模西征连通了欧亚大陆,东西方的交流更加频繁,这一时期,中国的罗盘、火药、活字印刷术甚至娱乐用的纸牌也都随蒙古人传入欧洲。有研究者认为,中国的"捶丸"运动很可能是在这次欧亚文化大交流中,随着东西来往的马队传到了欧洲。② 郑和下西洋携带了中国百科全书《永乐大典》是不争的事实,从宋元明捶丸的盛行来看,大典中必然会收录达官贵人喜爱的这一运动,几套《丸经》、几只球杆、若干个球,有研究者认为中国的"捶丸"运动很可能是通过水路往来带到了欧洲大陆。

资料来源:陆斌《高尔夫新纪元》。

第三节　高尔夫运动发展简史

虽然高尔夫有着不同的起源说,但是大部分人还是认为现代的高尔夫运动起源于苏格兰,它从一项自娱自乐的户外游戏发展到具有"绅士文化"行为特征的一项运动。随着人类的进步,高尔夫运动也不断发展成为一项风靡全球的职业运动。

一、早期高尔夫运动的萌芽

从时间上推断,早期高尔夫运动的发展,应该是在 14 世纪上半叶到 14 世纪末。由于这一时期有关高尔夫的文字记载很少,高尔夫的运动早期发展只能根据历史传说加以推测。

早期传说最多的高尔夫游戏是这样的,苏格兰有着广袤的草原,气候湿润,土质肥美,给畜牧业的发展创造了得天独厚的环境,牧羊牧牛就成为苏格兰人重要的生活来源。传说牧羊人在放牧时用牧鞭击打小石头,期待小石头能击打到野兔的洞穴或者野兔,这被视为高尔夫运动的雏形。在中世纪的苏格兰,由于生产力还不是很发达,娱乐活动很少,这种劳动过程中萌芽与发展起来的游戏很快被人们接受。直到 1457 年 3 月,苏格兰国王詹姆斯二世发现这项游戏严重影响了当时军队正常的训练,于是颁布了禁止民众玩高尔夫的禁令。当时苏格兰与英格兰正处于战争时期,以至于后来的人们戏称,在苏格兰与英格兰这场持久的战争中,并不是英格兰打败了苏格兰,而是高尔夫打败了苏格兰。

二、中世纪高尔夫运动的发展

在高尔夫运动漫长的发展进程中,中世纪欧洲社会人文特点对高尔夫运动成长的影响是深刻的。中世纪的欧洲,作为社会统治阶段的"贵族集团"不仅在政治、经济上享有绝对的权力,他们倡导的"贵族精神",也自然成为社会发展的文化标签。公元 1502 年,随着英格兰与苏格兰签订和平协议,苏格兰人又被允许重新打高尔夫,只有星期日(礼拜日)是不可以打球的。1503 年圣安德鲁斯大教堂约翰·汉尼斯顿主教确认了高尔夫游戏的规则,并在球场上公诉于众。高尔夫运动更是以它特殊的消遣方式和运动魅力吸引了越来越多人的参与。而曾经签署禁止法令的国王与贵族们也成为这项运动的积极参与者。在参与社会群体的变化过程中高尔夫由一项游戏逐渐成为一项有规则指引的运动,高尔夫的文化特质也逐渐形成。

相同社会阶层、拥有共同爱好的人们组成一定规模的组织,形成了最初的俱乐部雏形。1735 年苏格兰爱丁堡"伯吉斯高尔夫球友会"成立,成为一个时代的标志,高尔夫运动开始走向新的历史发展。1744 年"利斯绅士高尔夫球友会"成立,结束了早期高尔夫在纯自然的状态下,自发的无人管理的运动方式。1754 年,苏格兰圣·安德鲁斯高尔夫球会宣告成立,得到了皇室贵族的认可。威廉四世期间它被国王赐名为圣·安德鲁斯古老高尔夫俱乐部,俱乐部的社会地位和影响与日俱增,成为早期苏格兰地区,乃至当今世界范围内最具影响力的高尔夫俱乐部。

三、职业高尔夫运动的发展

18 世纪末至 19 世纪初,由于产业革命的发展,西方世界的社会组织形态发生了巨大的变革,社会分化进一步加剧。也正是在这种社会背景下,职业高尔夫运动有了最初的发展。伴随着社会劳动,生产关系不断的变革和发展,尤其是经济利益的刺激,以休闲娱乐和社交为目的高尔夫运动,进入了休闲与社交、职业竞技与经济利益并重发展的时期。

1913年,苏格兰圣·安德鲁斯老球场开始向打高尔夫球的人们收费,在此基础上,一批职业球员诞生,同时一些球场和俱乐部在经营方式上发生变化,表明原来非营利性的高尔夫俱乐部向经济实体和多种经营方式方向发展。在社会大环境的影响下,职业高尔夫球手不断涌现。

早期的高尔夫职业球员并没有严格的身份界定,大多是通过打球赌博而获利的一些球员。这些以打高尔夫球为谋生手段的人,最初并没有得到社会的认同,通常他们被认为缺乏正规教育,非上流社会人士。因此经常会遭到社会上一些高尔夫爱好者的白眼。1902年,英国伦敦成立了世界上第一个职业高尔夫球联合会。1916年,商界的一些高尔夫球手在美国纽约成立了美国职业高尔夫球协会,简称为PGA。

随着欧美地区职业高尔夫运动管理组织的成立,职业高尔夫比赛更趋向于规范和严谨,尤其是高尔夫球员参赛资格、获取报酬的条件、职业身份的界定、晋级标准等各个方面,都有了严格的规章制度,社会各界开始逐渐转变对职业高尔夫球员的看法。

职业高尔夫运动的社会化及高尔夫竞赛规则的相对统一,不仅促进了高尔夫运动的广泛开展,也大大促进了高尔夫俱乐部竞赛与场地管理的商业化进程。一些高尔夫俱乐部开始雇佣职业高尔夫球员管理俱乐部,这一方面是因为职业高尔夫球员具有良好的高尔夫球技术,可以随时指导别人,另一方面由于他们经历过不同高尔夫球场的比赛,对高尔夫球场管理和球场设计建造具有一定的认识和权威性。高尔夫俱乐部的经营向着营利性的方向发展,高尔夫俱乐部的管理也逐渐脱离了以往靠俱乐部会员管理俱乐部的模式。

进入20世纪之后,职业高尔夫运动作为职业体育的重要组成部分,伴随市场化程度的加深,开始运用具有商业技巧的方式来发展。尤其是20世纪中叶,美国经济在战后迅速恢复与发展,极大地刺激了职业体育的整体发展,使美国全国都积极参与到体育活动中。同时,美国电视的市场普及率大幅提高,为职业高尔夫运动的发展奠定了坚实的市场基础。特别是泰格·伍兹的出现,使得高尔夫球成为全球化的运动,大大推动了高尔夫产业的发展。据2018年2月的《纽约时报》报道,福特锦标赛上伍兹与米克尔森的冠军对决造就了北美地区5.9%的收视率(每个百分点代表76万观众),NBC的现场直播甚至超过了美国广播公司同时对NBA赛的转播收视率。因为伍兹的存在,高尔夫第一次打败了NBA。职业高尔夫球员的收入也不断水涨船高。

四、高尔夫休闲娱乐

随着世界各国经济的发展和人们生活水平的不断提高,人类社会逐渐进入休闲时代。高尔夫运动作为现代体育运动的组成部分,不仅具有竞技运动的基本功能,更有休闲娱乐和增进身体健康的功能。从4岁孩童到古稀老人,人人都可以参与高尔夫运动。根据身体条件,漫步于天地人和的大自然中,既可结伴对抗,又可单人休闲,既能男女配对参加比赛,又能老少同组,无论采取何种比赛方式,人们都可以尽情体验休闲高尔夫给人们带来的快乐。人们常说高尔夫运动是常青的运动,这是高尔夫休闲健身的运动特点所决定的。

拓展阅读

高尔夫与绅士文化

高尔夫究竟是什么? 高尔夫首先是文化,其次是运动。

起源于苏格兰的高尔夫运动经历了近 600 年的发展,形成了"自律、自尊、礼让、宽容"的绅士文化。在那里,高尔夫被称为"绅士运动"。什么是绅士? 在英国等欧美国家,绅士是一个特定意义的群体,或者是一个阶层,这个阶层除了经济上富有外,最重要的是具备良好的文化素养和高尚的道德情操。他们推崇绅士风度,即作为人们塑造自我形象的一种理想模式。在美国,人们求职时,往往一开始就会被问"你会打高尔夫吗?"如果你的回答是不会,就会马上终止对你的谈话。在日本,球场就是商场,很多的业务洽谈是在打球的过程之中完成,一场球打完生意是否谈成就已经有了结果,这些现象说明了什么? 说明了你可以不会打高尔夫,但是你却不能不懂高尔夫。公共关系专家 Miller Bonner 说:"在高尔夫球场 4 至 5 小时里,你就能了解到你的高尔夫球伙伴的性格,类似于诚信、处理成功和失败问题的能力、冒险精神、幽默感等,而你要做的是将这些良好品格建立到业务关系中去。"从这里可以看出,高尔夫已经超越了作为一种运动项目存在的价值,上升到一种大家所认同的文化形态。

如今参与高尔夫运动的人群,可以说是这个社会的精英阶层,他们支配着比常人多的资源,也相应地承担着更多的社会责任,这也是以绅士文化作为核心的高尔夫运动的魅力,挥杆者在运动中不仅要提高球技,更要提高个人修养,成为名副其实、受社会尊重的绅士。我们要大力普及高尔夫文化,让参与高尔夫运动的每个人都能修养身心,陶冶情操,个人素质日渐提高。

资料来源:吴亚初.高尔夫概论[M].北京:人民体育出版社,2011.

第四节　世界高尔夫场地概况

一、世界高尔夫场地概况

第二次世界大战以后,世界各国的经济发展把人类带入休闲时代,同时也推动着高尔夫运动的快速发展,R&A 官网公布的 2019 年全球球场数据(Golf around the world 2019),如表 1 - 1 所示。

表 1 - 1　世界高尔夫数据

土地面积	14 553 000 平方千米/56 970 000 平方英里
国家	249
开展高尔夫运动国家	209
球场数量	38 864
球洞数量	556 176
高尔夫设施	32 471
正在开发球场	534
会员制球场	9 576
公众球场	29 288
打球人口	7 632 819 325
每一球洞打球人口	13 724

注:数据来源于 R&A 报告 Golf Around the World 2019。

截至 2018 年底,全球共有 209 个国家开展高尔夫运动,普及率达到 84%,全球高尔夫球场数量达到 38 864 个,其中北美洲有球场 19 826 个,占世界球场 51%(美国占 43%);欧洲有球场 8 940 个,占世界球场 23%;亚洲有球场 6 349 个,占世界球场 16.4%;大洋洲有 2 109 个球场,占世界球场 5.4%;非洲 932 个球场,占世界球场数量 2.4%;南美洲有 708 个球场,占世界球场数量 1.8%。见表 1 - 2 全球各大洲高尔夫球场与人口比较。

表 1 - 2　全球各大洲高尔夫球场与人口比较

地　区	人　口	球洞数量	球场数量	每一球洞打球人口
非　洲	1 287 920 518	12 192	932	105 637
亚　洲	4 545 133 094	87 483	6 349	51 954
欧　洲	742 648 010	125 268	8 940	5 928
北美洲	587 615 976	291 807	19 826	2 014
大洋洲	41 261 212	30 237	2 109	1 365
南美洲	428 240 515	9 189	708	46 604
全　球	7 632 819 325	556 176	38 864	13 724

注:数据来源于 R&A 报告 Golf Around the World 2019。

高尔夫球场最多的 20 个国家分别是美国、日本、加拿大、英国、澳大利亚等,见表 1 - 3。

表 1 - 3　全球高尔夫球场最多的国家(TOP20)

国　家	球场数量	球洞数量	高尔夫设施
美　国	16 752	248 787	14 640
日　本	3 169	45 684	2 227
加拿大	2 633	36 591	2 265
英格兰	2 270	31 620	1 936
澳大利亚	1 616	23 505	1 532
德　国	1 050	14 100	736
法　国	804	10 971	643
韩　国	798	9 183	440
瑞　典	662	9 303	471
苏格兰	614	8 421	568
中　国	599	8 850	385
西班牙	497	7 071	413
爱尔兰	494	7 530	438
南　非	489	6 291	470
新西兰	418	5 814	401

（续表）

国　家	球场数量	球洞数量	高尔夫设施
阿根廷	349	4 368	314
丹　麦	346	4 461	193
荷　兰	330	3 924	220
意大利	321	4 131	267
泰　国	315	4 096	236

注：数据来源于 R&A 报告 Golf Around the World 2019。

美国作为高尔夫球的大国，拥有球场数量是全球的43%。据统计，现在美国从事高尔夫运动的人数达到 2 500 万人。高尔夫运动极大地影响了美国经济，高尔夫在美国的年产值约为 690 亿美元（Ted Bishop，美国职业高尔夫协会主席）。同时，美国也是最早实现高尔夫运动平民化的国家，是举办高尔夫赛事最多的国家（美国承办世界四大满贯赛事中的三项）。

在欧洲，18 世纪英国的工业革命促进了英国工业和贸易的发展，促进了人员的流动，使高尔夫运动从英伦三岛传遍了欧洲大地，让欧洲大陆拥有 8 940 个高尔夫球场，不仅是高尔夫球场最发达的地区之一，同时秉承着悠久的高尔夫运动文化，世界上最古老的高尔夫球赛——英国公开赛（The Open）每年都吸引了世界上最优秀的高尔夫球员参加。

世界上的其他地区，例如加拿大、澳大利亚等国家的高尔夫运动也得到了很大的发展。人口稀少的加拿大目前拥有 2 363 个高尔夫球场。仅有 1 500 万人口的澳大利亚也有 1 628 个高尔夫球场。

从世界范围来看，美国高尔夫市场需求趋向于饱和。欧洲及亚洲（部分国家）的高尔夫运动比较发达，市场潜力巨大。非洲一些国家受经济发展水平的制约，高尔夫运动在近期不会有很大的发展。随着亚洲尤其是中国的经济发展，全球高尔夫运动的发展重心将会向亚洲移动。

二、亚洲高尔夫场地概况

亚洲自 20 世纪 70 年代以来，成为世界高尔夫运动发展最快的地区。高尔夫球场数量达到 6 349 个，不仅有越来越多的高尔夫球场涌现出来，而且培养了很多优秀的高尔夫球员。

在亚洲，高尔夫球场最多的五个国家分别是日本、韩国、中国、泰国、印度，见表 1-4。

表 1-4　亚洲高尔夫球场最多的国家（TOP5）

国　家	球场数量（个）
日　本	3 169
韩　国	798
中　国	599
泰　国	315
印　度	284

注：数据来源于 R&A 报告 Golf Around the World 2019。

亚洲的高尔夫球场数量在逐渐增加,尤其是日本。日本的国土面积不足38万平方千米,却有3 169个高尔夫球场,高尔夫球员及爱好者1 600万人。日本的球员数量多,由于受气候影响较大,球场开放时间常常供不应求,但并不影响日本人对高尔夫运动的热情。日本的高尔夫球员走出国门,脚步遍及亚洲乃至全世界。亚洲其他国家和地区虽然高尔夫运动起步较晚,但是发展速度很快。

韩国目前拥有高尔夫球场798个,受到土地面积的制约,韩国发展了大量的室内高尔夫(高尔夫模拟室),培养了大量的高尔夫球员。韩国著名高尔夫室内模拟器生产商Golfzon联合专业调查机构Embrain针对韩国高尔夫人口做了一项统计调查,调查结果显示,2017年韩国高尔夫人口达到了469万,和上一年度相比增加了82万人,已经悄悄逼近500万大关。韩国高尔夫人口以平均每年11.6%的增速,连续6年保持着稳定增长。世界女子高尔夫排名前十名中,韩国队员占半壁江山。

泰国具有高尔夫运动发展的优越自然条件,发展速度从20世纪80年代中期开始加快,投资者基本是政府官员。目前有高尔夫球场315个,高尔夫球重点是作为旅游资源进行开发,高尔夫球场主要为游客建立,本国的高尔夫球员不多。中国的香港、台湾地区,也是亚洲高尔夫较为发达的地区,但受到土地资源限制,球场数量有限。目前值得关注的是越南。近年来,越南开始发展高尔夫运动,主要是为了开发旅游资源,与泰国不同的是越南的高尔夫球场主要是外国投资者所建,其中不少中国投资商。

第五节 中国高尔夫发展现状

一、高尔夫球场的发展

尽管中国在古代有过类似高尔夫运动的"捶丸"游戏,但现代高尔夫运动在中国的发展与世界高尔夫运动相比显得相对滞后。1865年左右,英商上海体育基金会承租了上海跑马场中央的部分空地,用作体育设施的建设,一座粗糙的高尔夫球场就设立在其间;1879年,上海的英国侨民在沪西静安寺路建立了"乡村总会"。他们利用这块郊区的土地建成了简易的高尔夫球场,高尔夫和其他运动混杂在一起。洋人把高尔夫运动带入上海,标志着这项有几百年历史的运动回到了中国。1931年"高尔夫球"游戏在上海流行,同年,中国、英国、美国的商人合办了高尔夫俱乐部,在南京陵园中央体育场附近开辟高尔夫球场(原址在如今的南京钟山高尔夫俱乐部附近),成为当时国民政府的外交场所。

20世纪80年代,中国的对外开放和经济改革政策吸引了全世界各国外商来中国投资,使高尔夫运动重新进入中国。1984年,中国大陆第一家高尔夫球俱乐部在广东中山诞生,此后在北京及沿海地区陆续兴建了30多个高尔夫球场。1985年5月,中国高尔夫球协会在北京成立。30多年来,中国的高尔夫球运动发展速度较快,据统计,目前中国高尔夫球人口约为50万人,同时,中国也正在产生一批亚高尔夫球人口,这部分人以在高尔夫球练习场和室内电脑模拟高尔夫球设备上打球为主,经过半年或一年左右的过渡练习后,其中一部分消费能力高的人将会成为正式球场打球的会员。总之,随着社会的发展、人们生活水平的提高和消费观念的转变,高尔夫球运动会渐渐被越来越多的中国人所接受,参加这项运动的人的技术水平也将会大幅度地提高。

　　中国高尔夫球是一个方兴未艾的产业,随着中国改革开放的不断深入,境外投资者也越来越看好中国的高尔夫球市场前景,中国香港、台湾地区及日本、韩国等地的投资者率先步入了中国高尔夫球市场。近年来,国内的企业及投资者开始跻身这一领域,特别值得一提的是,北京航空材料研究院研制生产的高尔夫球具已成功打入国际市场,预示着中国将在世界高尔夫球大产业中占据一席之地。

　　中国的高尔夫球运动虽然起步较晚,但进步很快。目前,中国高尔夫球协会已对原有的国内高尔夫球公开锦标赛制进行改革,使之成为业余选手的公开赛和职业选手的锦标赛,让更多的高尔夫球手有更多的机会参与这项运动,以推动其普及和发展。

　　随着经济的发展和社会文明程度的不断提高,中国的高尔夫球运动必定会继续迅速发展。世界高尔夫球界正以极大的兴趣和热情,注视着我国高尔夫球运动的发展。正如球王盖瑞·普莱耶所说的:高尔夫球对中国是最重要的运动,它跟其他运动的不同之处在于它所带动的经济效益是庞大的。由高尔夫球运动所带动的投资以数亿元计,而一个球场又可提供几百个就业机会。高尔夫球运动除了健身、竞技、消闲和娱乐外,也是一项社交、公益事业,是增进友谊的高雅文明活动。

　　30多年来,中国高尔夫运动发展迅速,目前国内有合法经营的高尔夫球场496家。分布见表1-5。

表1-5　我国内地高尔夫球场分布　　　　　　　　($N=496$)

省份、直辖市及自治区名称	高尔夫球场数量（个）	省份、直辖市及自治区名称	高尔夫球场数量（个）
北京市	54	湖北省	12
天津市	15	湖南省	17
上海市	19	广东省	77
重庆市	8	海南省	45
河北省	24	四川省	10
山西省	6	贵州省	2
辽宁省	17	云南省	35
吉林省	4	陕西省	3
黑龙江省	1	甘肃省	0
江苏省	34	青海省	2
浙江省	16	内蒙古自治区	7
安徽省	9	广西壮族自治区	18
福建省	15	西藏自治区	0
江西省	3	宁夏回族自治区	2
山东省	35	新疆维吾尔自治区	3
河南省	3		

注:本表数据根据2017年1月22日国家部委联合公布高尔夫球场清理整治结果整理。

近年来,我国高尔夫球场设施快速发展,全国高尔夫球场数量最多时达到 683 家,由于部分高尔夫球场属于违规建设,在 2014 年至 2017 年,发改委联合各部委按照取缔、退出、撤销、整改四类进行了清理整治,其中,111 个球场已取缔到位,18 个球场被责令退出,47 个球场已落实了撤销要求,11 个球场已被地方政府和企业主动关闭。由此,中国国内如今高尔夫球场数量为 496 家。国家在不断帮助高尔夫行业走向规范化发展。

二、高尔夫人口的发展

(一)中国高尔夫参与人口

根据我国实际情况,参照 NGF(美国国家高尔夫基金会)相关定义,高尔夫参与人口特指 5 岁以上,并在过去的 12 个月内至少在高尔夫球场打过 1 轮次高尔夫球或在练习场练球的人士。

(二)中国高尔夫人口

根据我国实际情况,参照 NGF(美国国家高尔夫基金会)相关定义,高尔夫人口特指年满 12 周岁,并在过去的 12 个月内至少在高尔夫球场打过 1 轮次的人士。

(三)中国高尔夫核心人口

根据我国实际情况,参照 NGF(美国国家高尔夫基金会)相关定义,高尔夫核心人口特指年满 18 周岁,并在过去的 12 个月内下场打球超过 8 轮次的高尔夫人口。

高尔夫人口的数量对高尔夫行业的影响重大,参与高尔夫运动的人群主要包括高尔夫爱好者、高尔夫运动员、教练员以及相关从业人员,经过对历年《朝向白皮书》的梳理,统计出近 9 年来我国高尔夫核心人口变化图(见图 1-6)。

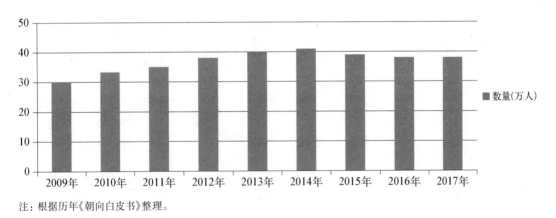

注:根据历年《朝向白皮书》整理。

图 1-6　我国高尔夫核心人口变化图

2009 年开始,我国高尔夫核心人口在逐年递增,2014 年增长到 41 万人,2015 年至 2017 年之间高尔夫核心人口在 38 万~39 万。

(四)中国高尔夫青少年数据

我国青少年高尔夫运动员的数量在不断增加,2013 年约有 400 余人,到 2017 年底共有注册青少年高尔夫球员 34 572 名,同比 2016 年增长 143%;能够参加比赛的青少年人数从 2013 年的 100 余人增长到 2017 年底的 5 000 余人;竞赛数量也从 2013 年的 20 余场增长到 2017 年的 270 场(数据来源于中国高尔夫球协会青少年工作五年发展规划)。可见,高尔夫青少年运动的发展进入了快速发展的阶段,尤其是青少年高尔夫运动员与国外著名学府的有效对接更是增加了很多青少年高尔夫运动员的信心。

三、高尔夫赛事的发展

高尔夫赛事在推动高尔夫运动发展中起到了至关重要的作用,国际性赛事在中国的举办和中国球员对全球及地区高尔夫赛事的参与是促进高尔夫运动在中国不断发展的重要因素。自1986年起,中国高尔夫球协会开始举办每年一届的"中国男子业余高尔夫球锦标赛";自1988年起举办每年一届的"中国女子业余高尔夫球锦标赛"。这些比赛有效地促进了中国高尔夫运动水平的提高。目前,中国国内的高尔夫赛事活动越来越多,1998年国家体育总局小球运动管理中心纳入计划的竞赛活动有高尔夫球春季全国职业挑战赛、全国高尔夫球业余公开赛、全国职业高尔夫球挑战赛、国际职业高尔夫球比洞赛、全国青少年高尔夫球挑战赛、全国职业高尔夫球精英赛、全国业余高尔夫球锦标赛等。特别值得推崇的有:自2005年以来在佘山国际高尔夫俱乐部举办的汇丰冠军赛每年都吸引了来自世界各国的顶尖选手参加;深圳观澜湖高尔夫俱乐部自2007年开始举办了多次高尔夫世界杯的比赛,2009年4天比赛的观众数量达到20万人;还有沃尔沃公开赛、BMW大师赛、深圳公开赛。女子国际性赛事有别克LPGA锦标赛、蓝湾大师赛,青少年方面有汇丰青少年赛等等。表1-6统计了近几年中国高尔夫球协会主办并公布的赛事(含计划)数据。

表1-6　中国高尔夫球协会主办官方赛事表

年　份	总场次	赛 事 类 别	场　次
2012	105	男子职业赛	36
		女子职业赛	12
		业余公开赛	31
		青少年赛	15
		俱乐部及其他赛事	11
2013	123	男子职业赛	34
		女子职业赛	18
		业余公开赛	40
		青少年赛	20
		俱乐部及其他赛事	11
2014	133	男子职业赛	44
		女子职业赛	20
		业余公开赛	38
		青少年赛	20
		俱乐部及其他赛事	11
2015	136	男子职业赛	45
		女子职业赛	21

（续表）

年　份	总场次	赛 事 类 别	场　次
2015	136	业余公开赛	27
		青少年赛	33
		俱乐部及其他赛事	10
2016	129	男子职业赛	40
		女子职业赛	22
		业余公开赛	19
		青少年赛	39
		俱乐部及其他赛事	9
2017	122	男子职业赛	41
		女子职业赛	24
		业余公开赛	18
		青少年赛	31
		俱乐部及其他赛事	8
2018	128	男子职业赛	51
		女子职业赛	23
		业余公开赛	15
		青少年赛	39
2019	453	男子职业赛	36
		女子职业赛	19
		业余公开赛	26
		青少年赛（中高协主办）	33
		青少年赛（中高协认证）	339
2020	235	男子职业赛	3
		女子职业赛	8
		业余公开赛	26
		青少年赛（中高协主办）	25
		青少年赛（中高协认证）	173
2021	544	男子职业赛	20
		女子职业赛	15
		业余公开赛	31
		青少年赛（中高协主办）	43
		青少年赛（中高协认证）	435

注：以上数据是根据中国高尔夫球协会公布的赛事计划整理，2020年受新冠肺炎疫情影响大部分比赛暂停。

为了推动中国的高尔夫球职业化进程与世界接轨,1994 年,经国家体育总局批准,中国高尔夫运动走向了职业化道路。1994 年 4 月,中国高尔夫球协会主持了职业高尔夫球球员资格考试,产生了 5 男 1 女中国第一代职业高尔夫球员,这标志着中国高尔夫运动步入了一个新的时代。1995 年,国际职业高尔夫赛事进入中国,举办了沃尔沃中国巡回赛与沃尔沃中国公开赛。2004 年,欧洲巡回赛首次登陆中国,BMW 亚洲公开赛与沃尔沃公开赛都纳入了欧巡赛系统;同年,张连伟得到奥古斯塔 70 年中颁出的第 5 张外卡邀请,参加了第 68 届美国大师赛,这是中国内地高尔夫选手第一次参加高尔夫大满贯赛事。2012 年,冯珊珊获得世界女子职业高尔夫球四大满贯赛第二项赛事 LPGA 锦标赛冠军,成为中国第一位女子职业高尔夫球大满贯赛冠军得主。2013 年,美巡中国赛登陆中国,让中国球员开始进入世界高尔夫球员的积分系统。2016 年,中国高尔夫球员冯珊珊在里约奥运会女子高尔夫比赛中斩获 112 年以来奥运女子高尔夫项目的首枚铜牌,是中国历史上第一块奥运高尔夫球奖牌,并且冯珊珊在 2017 年 11 月 LPGA 蓝湾大师赛决赛中夺冠(见图 1-7),登顶女子高尔夫世界第一长达 18 周。男子高尔夫选手也不甘示弱,2017 年,中国选手李昊桐在第 146 届英国高尔夫球公开赛最后一轮比赛中,打出了惊人的 63 杆的好成绩,最后以低于标准杆 6 杆的总成绩名列第三,创造了中国男选手在四大大满贯赛中的最佳战绩,他的世界排名创纪录到达 32 名。中国男子高尔夫选手李昊桐、吴阿顺、张新军、窦泽成等人也逐渐在欧巡赛与美巡赛上征战。

图 1-7　冯珊珊登上世界第一

四、中国高尔夫运动管理机构

目前中国高尔夫运动的最高政府行政管理机构是国家体育总局小球运动管理中心。中国高尔夫运动的社团组织机构是中国高尔夫球协会(http://www.golf.org.cn)。成立于 1985 年的中国高尔夫球协会(CGA)是全国体育总会下属的单项协会,也是体育总局小球运动管理中心直属单项运动管理机构。中国高尔夫球协会(CGA)是国家统筹发展高尔夫运动、组织和协商各种赛事、联系国内外高尔夫赛事的唯一合法机构,培养了越来越多的高尔夫运动员、裁判员与教练员。目前,中国各省与直辖市建立起地方高尔夫球协会。各省市高尔夫球协会在业务管理上由中国高尔夫球协会指导和协调发展;在行政管理上由当地体育行政管理部门领导。它们是中国高尔夫运动社会化和产业化的重要社会基础,也是中国高尔夫运动技术水平和高尔夫运动的社会普及率不断提高的基本保障。它们的相继成立和发展,使本地区的高尔夫运动发展有了规范化的管理组织,有力地培养和发展了当地的高尔夫群体。

拓展阅读

行业研报:疫情下高尔夫逆势增长,青少年成增量主力

新冠肺炎疫情的到来让更多人意识到高尔夫作为健康社交生活方式的益处,并开始走进练习场、球场和模拟器场馆。虽然职业高尔夫因为防疫政策而挣扎,业余市场却迎来爆发,今年国内青少年赛事诸如汇丰、别克等均是场场爆满。

澳大利亚高尔夫协会最近公布的数据显示,当地夏季(2020 年 12 月—2021 年 2 月)的打球轮次(只统计有差点的球员)达到 289 万,同比增长了 12%。更令人兴奋的是低龄组的爆发,10~14 岁人群增长了 30.2%,20~24 岁人群增长了 54.5%,25~29 岁人群增长了 49.8%。在各州中,新南威尔士州增长最为强劲,达到了 22.6%;紧随其后的昆士兰州则为 20.8%。得益于夏季数据的增长,澳大利亚的全年打球轮次(只统计有差点的球员)最终锁定在 1 106 万,同比增长了 3%。另外,截至 2020 年 10 月底的最新数据显示,澳大利亚各地俱乐部已经有超过 4.2 万名新会员加入,全年会员人数预计也将创下新高。

澳大利亚高尔夫协会 CEO 詹姆斯·萨瑟兰认为这种增长趋势将是长期的,2021 年他们将努力做好参与者的留存。"高尔夫正被视为一种安全的健康户外社交方式,俱乐部和相关设施又开始蓬勃发展了。我们的工作是确保这些增长的可持续性,而不是暂时性的飙升。我们将在现有的成果上继续努力。"

在全球最主要的高尔夫市场,情况同样喜人。高尔夫数据技术公司(Golf Datatech)自 1998 年开始追踪记录相关数据,他们近期的调查显示 2020 年美国高尔夫总轮次同比增加了 13.9%,创下了自 2012 年(5.7%)以来的新高。该公司的合伙人约翰·科日诺维克在近日接受采访时表示,尽管疫情对许多行业都造成了负面影响,但高尔夫行业的打球轮次和装备销售额却得到显著提升。在装备销售方面,前几年美国市场的销售额增长都是较低的个位数,2020 年则因为疫情飙升至两位数,2021 年预计也将是个好年景。

由 The R&A 发起的研究表明,尽管遭遇新冠病毒的严峻挑战,但英国和爱尔兰去年的高尔夫市场却迎来逆市增长,英国成年球员数量暴涨近 230 万,爱尔兰则从 21.9 万增长到 54 万。根据体育市场调查(SMS)在 2021 年最新发布的两份报告显示,大量的爱好者开始走进标准球场,同时也有相当数量的球员通过诸如练习场、小三洞球场等设施参与高尔夫;此外女性球员也为数据增长贡献了更多力量,参与者的平均年龄也有所下降。R&A 的首席发展官菲尔·安德顿在近期接受采访时表示:"据我们所知,英国和爱尔兰打球人数在去年大幅增加,因为高尔夫可以提供显著的健康益处,在当下这种具有挑战性的时期非常重要。"

资料来源:2021-06《高尔夫大师》。

 思考题

1. 如何理解高尔夫运动的定义？
2. 请探讨高尔夫运动三大起源。
3. 高尔夫是如何从牧羊人的游戏演变成为"绅士运动"的？
4. 概述职业高尔夫运动产业发展。
5. 世界高尔夫运动的设施分布情况如何？
6. 概述中国高尔夫运动的发展。

第二章　高尔夫运动的特点、属性与礼仪

高尔夫运动能在全球大规模发展离不开它传承的独特的运动文化。本章内容包括：高尔夫运动的特点、基本礼仪与文化价值，让人们从更深层次的认识高尔夫运动的本质。

第一节　高尔夫运动的特点

高尔夫是一种很好的运动方式，可以亲近大自然，呼吸新鲜的空气，而且适合各种年龄、性别、体能状况。它有以下几个方面的特点。

一、高尔夫是一项贴近大自然的运动

高尔夫是一种户外运动，与其他运动不同的是它的运动场地最大（1 200 亩地以上），高尔夫的场地本身就是大自然，或者说是经过了修整的大自然，一般来说，最好远离现代城市喧闹区和可能有不同程度废气废水废料或噪声排放的工业区。高尔夫球场几乎就是大自然的本来面貌，它不仅为球手提供了一个广阔的活动空间，也使球手获得了宁静，获得日光浴与空气浴，从而可以舒缓心理压力，松弛精神，恢复身体疲劳。打高尔夫，则犹如置身在鸟语花香之中，你可以嗅到树林、草地和泥土的气息，有时会有小动物出现在你眼前。20 世纪 20 年代最具影响力的高尔夫球手瓦特·哈根（Walter Hagen）最喜欢说的一句名言是："别着急，别慌张，别忘了闻闻路边的野花香。"

现代高尔夫球场经过球场设计师雕琢，以及草坪养护专家和建筑师们的精心打造，使得高尔夫球场的美源于大自然而又超过大自然，打球者如置身于画中。打完 18 洞，步行距离约 7 000—8 000 米，不仅能享受愉悦的心情，还能达到健身的目的。

二、高尔夫是一项老少皆宜的运动

高尔夫运动通过在地面上的挥杆、推杆两个部分来完成，它不像其他运动，没有激烈的身体对抗、快速的奔跑，没有任何的空中动作，不需要较强的爆发力，小到 3 岁的孩童，大到 100 岁老人都可参加。著名球员泰格·伍兹 3 岁开始练习高尔夫，根据 2009 年 4 月 8 日大公报消息，美国加州一名 102 岁的婆婆麦克莱恩在美国加州奇科市的比德韦尔市立高尔夫球场打高尔夫球竟然能够一杆入洞，创下最大年纪打出该成绩的世界纪录。在高尔夫赛事中常常可以看到 10 多岁的选手与 60 多岁的选手同场竞技。如美巡赛上年龄最大的参赛者杰瑞·巴蒂（Jerry Barber），77 岁时参加了 1994 年美巡赛中的别克邀请赛。

其他的运动项目到了一定年龄之后必须选择退役，而高尔夫运动可以说是一项终身运动，众多篮球明星、足球明星、奥运会冠军在退役之后选择了高尔夫作为终身运动。比如迈克尔·乔丹、库里、罗纳尔多、索普、姚明、李小鹏等。

三、高尔夫是一项注重礼仪的运动

高尔夫运动是一项讲究文明、高雅的运动,有着十分深刻的文化内涵。高尔夫运动倡导礼貌,其最重要的是精神就是谦让。上发球台时相互礼让;在球道上,让远离球洞的先打;在果岭上,离球洞较远的先推杆;分组打球时,打得慢的一组让快的一组超越先打;球技好的球员与球技差的球员一起打球时可以让杆,如此等等。礼让的美德贯穿高尔夫运动的始终,成为打高尔夫时必须遵守的行为准则。爱护场地也是球场的文明规定:被球杆打坏的草坪要及时修补;沙坑击球后要及时耙平,恢复原状,不留脚印;球场任何微小的损坏都要主动修复平整。除此之外,高尔夫运动的球员上场必须穿着得体,保持肃静。高尔夫球比赛时,选手之间相互担任记分员和裁判员。在正规的竞赛中,要求球员高度自觉,诚信自律。在球场上,球童是球员的好朋友,为球员提示球场的状况、障碍位置、距离判断以及球杆选择。球童不但是球员球场上的伙伴,在某种意义上,是球员的参谋和心理辅导者。球场是一个高品位的社交场所,在这里要展示自己的文明风度。

四、高尔夫是一项锻炼意志的运动

高尔夫比赛是一场斗智斗勇的竞赛,需要勇气、技巧、策略和自我控制。打高尔夫球的过程就是不断迎接考验和挑战,不断战胜自我的过程。

对每一个高尔夫球选手来说,他永远都要面临挑战,这种挑战主要表现在两个方面。

(一) 挑战自我

一般情况下,高尔夫是一项个人运动。它不容易完美,即使不断地修正及反复练习,也还是有一些目标未达成,这就是高尔夫运动的乐趣。在同一个高尔夫球场上,高尔夫选手每次击球时所选择的球杆、所击出的每一颗球、所打的每一场球都是自我挑战。每一次胜利都是一种超越和征服,技术、成绩的提高,推动着选手去挑战更高的目标,而存在的问题又成为面对下一次挑战的动力。

(二) 挑战球场

全世界有3万多个高尔夫球场,每个高尔夫球场都是不一样的,这是高尔夫区别于其他运动项目的特别之处,也使每一个高尔夫选手在每一个球场都面临着全新的挑战。沙坑、水障碍、长草、弯道、树林、各种各样的果岭,构成难度各异、风格有别的各种球场。在冬季的瑞士,人们甚至玩起了雪上高尔夫。一些高尔夫球场设立于阿尔卑斯山之巅,球在这里比陆地上飞得更远,高原反应对于人们的体能也提出更高的要求,因而使打球更富有冒险和挑战性。世界知名的高尔夫球选手格雷格·诺曼在谈及高尔夫球事业时总是意味深长地说道:"我们其实从来没有真正到达过山之高峰。"另一名著名的女选手索伦斯坦说:"我知道我可以打破更多的记录,我还没有达到我的巅峰,而我想看看自己究竟能走多远。"英国女选手莎拉·汉德森则引用了一部美国著名电影里面的台词"人生就像一盒巧克力,你永远不知道下一颗吃到什么"来形容高尔夫极具挑战性的魅力。人们对不同高尔夫球场的挑战推动了高尔夫旅游产业的发展。

高尔夫运动已有500多年的历史,这项高雅而久远的运动在世界已广为流传。之所以受到越来越多人的喜爱,是因为高尔夫运动具有其他运动无法比拟的独特魅力。高尔夫可以激发旺盛的激情,不仅是对身体的挑战也是对精神的挑战。与此同时,高尔夫又是一场游戏,一种积极的休息、彻底的放松,使工作和生活的精神状态更加饱满。高尔夫运动能够培养认真、谨慎、守时的习惯以及自我控制的能力。打高尔夫球是一种自我精神依赖和身体依赖。

拓展阅读

全新高尔夫与健康报告

为了协助现任高尔夫球手、非高尔夫球手、高尔夫机构以及政府和卫生部门的决策者进一步推动这项有益身心健康发展的运动,R&A 发布了一份全新的高尔夫与健康调研报告。

这份长达 28 页的报告显示了 R&A 自 2016 年以来在这一领域的工作和其他人的投入,全面概述了高尔夫是一项促进健康的,适合所有年龄、能力和背景人士的运动。

调研报告内容摘要:

(1) 从 4 岁到 104 岁都可以打高尔夫球,高尔夫球手的平均寿命比非高尔夫球手长 5 年,80%的高尔夫球手对社交生活感到满意,而且很少有孤独感;

(2) 高尔夫作为一项体育活动,可帮助预防和治疗 40 种主要慢性疾病,包括糖尿病、心脏病、中风、乳腺癌和结肠癌、抑郁症和痴呆症;

(3) 高尔夫是一种中等强度的体育活动,一场 18 洞的高尔夫运动行走 13 000 步,消耗 2 000 卡路里热量,每分钟消耗的能量是静坐时的 3 至 6 倍;

(4) 研究表明,和大多数体育赛事将观众限制在一个座位上不同,高尔夫的观众也能获得健康益处,高尔夫一直被认为是唯一一项增进球迷健康的主流运动;

(5)《英国医学杂志》(BMJ)的户外运动与运动医学发现,40%的观众在参加活动后的三个月内增加了他们的体育活动,这表明高尔夫运动不仅可以提供刺激和娱乐,而且可以帮助参与者改善健康状况。

资料来源:Glof and Health(R&A)。

第二节　高尔夫运动的基本礼仪

"习武先习德,习高尔夫先习礼",高尔夫礼仪是打高尔夫者的必备常识,是区别于其他运动项目的特点之一,因此高尔夫也被称为"绅士运动"。不管你如何标榜自己的球技、球龄,或者展示自己昂贵的球具和一身名牌行头,只要看看你在球场上的举止是否遵守高尔夫礼仪,就能区分出你是一个名副其实的高尔夫球手,还是一个只会拿着球杆在场上比画的玩球人。从打高尔夫球前的预约、在会所的行为举止、在高尔夫球场上的表现,人们可以观察到你是否热爱这项运动、理解它的传统并尊重一起打球的同伴,进而对你个人的教养和人品做出评价。

高尔夫是一项需要球员精力高度集中的运动。打球者需要一个安静的环境,如果有人在旁边说笑、摆弄球杆发出响声,或是在周围走来走去的话,你将很难集中精力挥杆或推球。制定高尔夫礼仪规则的目的就是通过规范球员在场上的行为举止,使球员能相互尊重,一起充分享受打球乐趣。与礼仪有关的规则,有些适用于整个球场和练习区域,有些则是针对特定区域,如发球区、果岭。

一、常识性的礼仪

（一）着装礼仪

既然是绅士运动，就要有绅士的形象。打高尔夫球对着装有特别的规定，这是沿袭下来的高尔夫文化的一部分。无论是在国内还是国外，如果是第一次去某个球场打球，最好先打电话询问一下俱乐部对球员下场打球的服装是否有特殊规定。一般的会员制俱乐部通常会要求上身穿着有领有袖的 T 恤衫，不允许球员穿圆领汗衫、吊带背心、牛仔系列服装、超短裙、过短短裤等过于休闲的服装上场。有些俱乐部还规定不允许穿任何式样的短裤下场，有些则对短裤的样式和长度有所规定，如不能短于膝盖以上 4 英寸（10.16 厘米）等，所以棉质的休闲长裤总是最合适的选择。至于高尔夫球鞋，目前大部分俱乐部出于保护草坪的需要，规定在球场上只能穿着特制的胶钉球鞋，如果你的球鞋还是老式的金属鞋钉，请一定考虑更换胶钉或另外买一双备用。另一种选择合适服装的途径，是在观看电视转播的高尔夫职业比赛，欣赏职业球星们高超球技的同时，多多留意他们的着装方式。或许我们的球技欠佳，但起码在形象上能够赶上职业球员（见图 2-1）。

图 2-1　现代高尔夫着装

（二）时间礼仪

一定要提前预订打球的时间，这样有利于球会的管理和运营，为自己和其他会员提供便利。此外，守时是高尔夫球员必备的素质之一。俱乐部的发球时间，特别在周末和节假日都排得很紧凑，不可能因为某个人或某一组的迟到而拖延整体出发时间安排。所以请至少在预订的发球时间之前 30 分钟抵达会所，并在 10 分钟之前到达出发站等候工作人员通知开球。如果同组的球友迟到，而你需要等他一起下场，请通报出发台为你们另外排组。注意任何时候都要服从俱乐部出发台的安排，如果有意见可以适时以正当途径向俱乐部投诉，任何时候都不能干扰俱乐部的管理和其他会员的打球秩序，强行上场开球。正式比赛中没能按照指定时间参加者将被取消比赛资格。

（三）安全礼仪

安全在高尔夫运动中是如此之重要，以至于高尔夫规则和礼仪都将其列在开篇的首要位置。如果球员对高尔夫球和球杆的坚硬程度没有足够的认识，球场将会变成一个危险之地。因此球员应予以高度重视，如：

（1）不要对着有人的地方击球或练习空挥杆，因为击出的球或无意间打起的石块、树枝和草皮有可能打中他人。再者这也是不礼貌的行为。

（2）注意不要在有人走过身旁的时候挥杆，同时也不要在别人挥杆时从其身旁走过。

（四）保持安静

保持高尔夫球场安静的环境十分重要。打球时球员需要全神贯注，任何响动都有可能影响击球的质量。所以在场上讲话时必须压低嗓音，即使你同组球员不介意，你也要照顾附近其他组打球客人的需要。此外切忌在球场上跑动。在场上跑来跑去会引起其他球员分心和烦躁，还会损害草皮。所以必要时应尽量轻轻地快走。

打球时应尽量避免移动电话干扰。如果必须携带，下场之前请关掉铃声。试想若在其他球员挥杆时你的手机铃声大作，那将是十分无礼的行为。而且当你在球场上使用手机时，或许没能注意到声音所及范围内正有其他客人在挥杆，有时甚至已经引起了他人的不快自己却全然不知。既然已经到了球场，何不索性暂时忘掉办公室的事务，关掉手机，让自己和同伴都能尽情享受周围的景色和挥杆的乐趣。

（五）打球速度

球友们都希望尽情享受打高尔夫球的乐趣，但谁也不想一整天都耗在球场。如果球员在两次击球之间等待时间过长，他们会变得不耐烦，而且会失去击球的动力。所以为了大家的利益，打球时不要延误时间。下面是保持适当打球速度的几点建议。

（1）每次击球之前只做一次挥杆练习，然后马上击球。记住：如果你每场球打120杆，每次都额外用30秒钟做练习的话，加起来你每场球就要多花1小时。

（2）在轮到你击球之前做好充足准备，不要等轮到你时才开始考虑用哪根球杆，或决定是直接打过水还是对着水障碍区前方打保险球——最好趁别人击球时提前考虑周全。

（3）当走向果岭时，观察好下一洞发球台方位，然后将球杆摆放（或球车停放）在果岭距离下一发球台较近的一侧，这样打完该洞后可以少走弯路，既节省体力又不会耽误时间。

（4）紧随前面一组球员。当他们离开果岭时，你应该已经做好击球准备。不用介意后面一组会不会赶上你，只要注意与前一组保持合适的距离和打球速度就行了。

时刻提醒自己保持合适的"打球速度"会有助于你紧随前一组球员，并确保不会影响后面组的打球。但紧随前一组的同时又必须小心，不要离得太近以至球打中前面的球员。所以一定要在前一组所有球员都离开击球距离范围之后再开始打。

有些球员在场上遇到前方有打得慢的人时会表现得十分不耐烦，这是可以理解的。如果你等得太久，可以走过去提醒前一组加快速度，但千万不能朝他们大喊大叫来催促对方，这实在是很没有礼貌的。

（六）请求先行通过

向前一组球员请求先行通过是打球中最难实行也是最容易引起争议的状况之一。难以实行是因为通常这等于在暗示前一组他们延误了打球时间，即便是事实也会引起对方的不悦。

所以如果你打算请求先行通过,就应该寻找合适的时机,十分有礼貌地提出来。以下的建议不妨一试。

(1)在提出先行通过的请求之前,应确定前方有足够的空间。如果在你请求超过的一组之前还有另一组在打球,那么你肯定会遭到拒绝。

(2)在得到准许后应表示感谢并尽快完成击球。万一你打出了一个"臭球"(通常在这种情况下球员会感到压力,所以很有可能打球失误),最好不要加打另一球,以免引起他人的反感。保持镇定,按照规则继续打即可。

(3)当你与前一组之间已经空出一洞以上,说明你的打球速度较慢,如果你觉得后面的一组追得很紧,有可能希望先行通过,应主动询问并提供方便。最合适的时机是当你到达果岭后,向后一组招手示意先让他们打上果岭一杆。击球后趁他们走向果岭的间隙你可以完成自己的推击。之后可以在下一洞发球区请他们先开球。

(七)"Ready Golf"——让准备好的球员先打

如果不是参加比赛或其他正式场合,平常打球每次击球时,同组球友之间可以让准备好的球员先打。也就是说即使同组某位球员的球不是离洞最远的一个,只要他(她)已经做好击球准备,就可以首先击球。前提是与同组球员事先达成共识,说明本场球将打"Ready Golf",这样同伴就不会认为你不懂规则,相反还会感受到你的绅士风度。

让准备好的球员先打有助于加快打球速度,但击球之前必须确定同组所有人都知道你将要击球,同时你也知晓其他人当时所在的位置,因为你不想让球击到在场的任何人,当然你更不想看到同组球友同时挥杆的场面出现。

(八)驾驶高尔夫球车

球员不需要驾照就可以在球场开球车,但前提是你必须了解在场上行车的基本常识,并且能够做到在驾车的同时既不会破坏球场草皮,又不会冒犯其他球员。

驾驶机动球车时应保持匀速行驶,以避免由于加速发出较大的噪声。行车时应时刻关注周围的打球者。一旦发现有人正准备击球,就必须停下来,等到他击球之后再发动球车继续行驶。

由于所处季节和球场状况的不同,球会将实行不同的球车行驶规则,最常见的有两种。

(1)球车只限在车道上行驶——该规则适用于地面较湿软的球场,目的是避免由于球车轮胎的倾轧使球道草皮受到破坏。

(2)90度规则——该规则要求球车主要在车道上行驶,到达与落球点平齐的位置后,可转弯90度直角,横穿球道直接开到球位旁。待球员击球后再将球车按原路开回球道继续向前行驶。实行90度规则既能让球员开车到球位旁,又能最低程度地损伤球道草皮。

必须牢记的是在任何球场任何情况下,无论是球车还是手拉车都严禁开(推)上果岭和发球区,否则将对球场造成严重损害,是不可原谅的。通常球场上都会有标示牌指示球车行驶及停放的区域,球员应严格遵照执行。(见图2-2)

(九)做礼仪的倡导者

很多球员总是抱怨碰到不懂规矩的同伴,他们在场上大声讲话、不按顺序发球,或推击时踩到别人的球线上,影响了其他人的打球情绪。其实多数情况下并不是对方故意和你作对,而是因为他们刚刚入门,对礼仪缺乏了解的缘故,即使一些老球员也可能在不知情的情况下做出不合礼仪、影响同伴打球的举动。如果有人能适时对他们加以指点,相信大多数人是很愿意接

图 2 - 2　高尔夫球车

受并改正的。所以在你同组打球的球友当中如果有不熟悉高尔夫礼仪的同伴，你应该适时地向他提出，注意一定要采取善意的方式，这样能使你们双方都获益。

　　总之，做一个文明的打球者，首先应从点滴小事出发，注意自己的言行，遵守俱乐部的规章，做个模范会员或宾客。这样你才能成为最受员工欢迎的客人，处处得到特殊的礼遇和服务。即使你的打球水平不高，也能成为最热门的打球伙伴。

二、发球台上的礼仪

　　高尔夫发球区域（teeing ground）严格说来是指后方纵深为两球杆长度，前面和两侧由两个发球区标志外缘限定的方形范围内。但在下文中我们谈到的礼仪则是应用于整个发球台区域。

　　发球台是每一轮、每个洞打球开始的地方，俗话说"良好的开端等于成功的一半"。如果一上发球台就碰上不合礼仪的行为，整场球或许都会笼罩着紧张和尴尬的气氛，那将是十分扫兴的。发球台礼仪的关键是尊重正在发球的球友，处处为他人着想。对一个想要集中精力开出又远又直的球，或是想一杆击球上果岭的球员来说，任何多余的动作或声响，或其视线余光中感觉到的任何移动都是无法接受的，都可能导致发球失误。

（一）第一洞发球台做的第一件事——互致问候

　　高尔夫被称为绅士运动，球员应处处体现出绅士风度。在第一洞发球台开球之前，应主动与同组球友——无论同伴还是对手——做自我介绍并握手问候，并祝对方好运。当然在球友开出好球后也别忘了为他喝彩，喊上句"好球！"。

（二）了解发球顺序——谁先发球

　　如果是平日较随意的打球，在第一洞发球台同组球友可以协商的方式决定开球顺序。若是男女混合组，且球员均使用同一发球台，应请女士优先击球。在较正式的打球或比赛中，如事先没有编排分组表，可采用抽签的方式，或是按照差点高低让低差点球员先发球。很多时候球友喜欢抛球托决定先后：四人围成一圈，向空中抛一个球托使之落在中间，球托尖端指向的球员最后开球,之后再在剩下的球员中重复以上步骤直到排出第三、第二及最先开球人的顺序。第一洞之后其余的发球台则应按照上一洞成绩决定发球顺序,即杆数最低的球员优先击球。

(三)了解使用哪组发球台打球

由于球场提供不同的发球台标志,可以让不同水平的球友同组打球。一组球员使用不同颜色标志的发球台是很常见的,所以每一个球员都应选择适合自己的发球台。如果你是一个初学者,就应选择离洞较近的发球台。近年建造的球场通常都有五组发球台,供各种水平的球员选择。一般情况下红色发球台是供女子球员使用,白色发球台适合一般水平球员,而蓝色发球台及更靠后的发球台标志则是给富有经验的高手准备的。刚刚开始打球的男士通常应选择白色发球台。此外无论从哪里发球,击球后离开发球台时别忘了把地上自己用过的球托捡起来。

(四)站在安全区域、保持安静

同组球友轮流发球,每次只允许一个球员在发球区击球,其他人应该站在发球区标志以外靠一侧的地方,最好是在发球球员视线达不到的位置,以免让其分心。注意不能站在击球球员和球的正后方,这不仅不礼貌,还是违反规则的。

尊重同组球友,不要在有人准备发球及击球时交谈,或议论其他人的挥杆,同时还要避免在发球台上整理球包内的球杆发出声响,也不要吃诸如薯片一类的有响声的食品。

(五)加快打球速度从细微处做起

用心观看同组球友的击球。有时由于阳光照射或其他原因,人们不能看清楚自己球的落点。如果你能认真地为其他球员看球落点,他们会十分感激,同时还可以减少遗失球,节省全组的打球时间。

有些球员在发球台击球之后习惯留在原地盯着飞出去的球,即使球落地后也愿不离开,站在发球台上对自己的球喋喋抱怨不休。下一个轮若到你开球,你没有必要等他离开发球区域。事先在手中拿好球座和球,一旦前一位击球完毕就径直走上发球台插球座准备击球。这样做并不无礼,相反还会提醒其他球员注意不要拖延时间。打高尔夫球不需要赶时间,但也不能耽误时间。

(六)让球车远离发球台

正如前面提到的,无论手拉球车还是机动球车都严禁开上发球区域,因为球车轧上发球台后在草坪上留下的车辙印破坏发球台,会给其他球员带来不便,并给协会造成严重损失。

三、高尔夫球道礼仪

在球道中打球的礼仪与发球台相似,只是由于落球点不同,同组球员已经分散到球道中不同的地方做击球准备。在球道中通常情况下距离球洞最远的球员先击球。当然如果同组球员事先商量好,也可以打 Ready Golf,就是先准备好的球员先击球。需要重申的是,在击球之前一定要确定同组其他球员的位置,判断是否该轮到你击球或让其他同伴先击球,同时还须确保自己击出的球不会伤到在球道等待击球或正在找球的同伴。

(一)正确处理削起的草皮断片和打痕

在球道击球时杆头常会削起一块草皮,并随挥杆动作将其抛向空中。这是十分正常的,而且是击出好球的一种表现;在电视转播球赛中你经常能看到职业球员们这样做。但若大家都不对打起的草皮和留下的打痕做任何处理,走在球道上,看到散落在各处的草皮断片和满目疮痍的球道你会做何感想? 如果草皮断片在刚削起时就被放回原位,它们重新生长、不留下痕迹的机会就很大。所以每次击球后,请在离开之前将草皮断片捡起放回原位打痕上,再轻轻踩一踩,以帮助草皮重新生长。修复草皮断片是打高尔夫球的基本礼仪,在你之后将球打到这里的人会十分感谢你的行为。

值得一提的是有些品种,如百慕大草———一种暖型草,能够迅速向周围蔓延生长,此时修复打痕的首选方法是将混合草种的沙子填在打痕中然后踩平。你可以在球场指定位置或球车上带的沙桶里找到专门的填补用沙,一般球童也会随身携带。可以在下场之前先向工作人员询问球场对修理打痕的要求。

(二) 寻找遗失球

打高尔夫球时最不愿意碰到而人人又都会遇上的状况之一就是丢球,令打球人不光心情沮丧,还对遗失的球倍感心疼。如果你将球打入树林或草丛后感觉很难找到,不要只顾发愁,先拿出另一个球打暂定球。

在寻找遗失的初始球时,规则规定最多只能用 3 分钟。如果你认为需要花满这么多时间去寻找,而后面正有另一组在等候,就应该让后面的组先行通过。不要因为丢失了一个球而让整个球场的运行受阻。特别是当你或你同组其他人多次发生丢球,而每次都花时间寻找时,后面一组会变得不耐烦。如果再为此发生争执就更扫兴了。要随时为其他人着想。拥有好的礼仪有时意味着需要将自己的利益放在第二位。

(三) 沙坑击球礼仪

球场上布满了富于挑战性的沙坑,如果你的球不幸掉进其中一个,在击球之前,你需要了解以下与沙坑有关的"规则"和"礼仪"。

(1) 从沙坑较低的最靠近球的一侧进入,不要从高的一侧爬下,因为沙坑较高的边缘不容易维护,一旦塌陷会很难修复。

(2) 在进入沙坑时事先将沙耙放到离球位近的、容易拿到的位置。

(3) 由于规则禁止在击球前"测试障碍区状况",所以不能用手抓或脚踢的方式来测试沙子的干湿和软硬程度,更不能在击球之前让杆头碰到沙子。但可以让双脚深陷进沙子以获得稳定站位。

(4) 当在沙坑打完一杆(或几杆)后,用球场提供的沙耙将沙坑中留下的所有痕迹包括球痕、打痕和脚印耙平。注意应沿原先进来的路线走出沙坑(见图 2－3)。

(5) 离开之前将沙耙放在沙坑外,让沙耙的长把与球道平行。

球员在离开沙坑时必须确保沙坑表面已经耙平,以便为后来的球员创造良好公平的打球条件。本来球掉进沙坑已经够倒霉了,谁也不愿意再看到自己的球落在哪个粗心球员留下的脚印或打击痕迹中。

(四) 击球前练习试挥

我们经常会遇到一些球友,每轮到他击球时,总是站在球旁边没完没了地空挥杆,搞得大家不胜其烦。练习挥杆的场所是在练习场、推杆果岭或高尔夫培训班,而不是在球场上。高尔夫规则对击球前的空挥杆次数没有特殊的规定,严格讲是没有限制的。但通常情况下,在场上轮到你击球时最多练习一到两次空挥杆就足够了。事实上如果你在击球前不停地做空挥杆练习,期望找到完美挥杆的感觉,其时间越长,身体会变得越紧张。

图2-3 扒沙

许多职业球员在比赛中每次根本不做任何练习就直接将球击出,因为他们知道任何延误比赛的举动都将受到处罚。一般职业比赛将球员走到球前至击球结束的时间限制在45秒内。所以他们通常走到球位前就立即击球。当然,如果正碰上等待前面一组离开击球区域的情况,此时你就有足够时间,想练习几次空挥杆都没问题。

四、果岭上的礼仪

(一)果岭应得到悉心呵护

果岭草是球场草皮中最脆弱、最不易维护的区域,所以理应得到悉心呵护。球员在果岭上只能轻柔行走,切忌跑动,同时走动迈步时需将脚抬起,以免因拖曳导致在果岭平坦的表面留下划痕。绝对不能将球车或手推车开上果岭,那样会对果岭造成无法弥补的损害。在走上果岭之前,应将球杆、球包、球车等设备留在果岭之外,球员只需携带推杆上果岭。

(二)及时修复球下落造成的果岭表面损伤

当球落上果岭时,经常会在果岭表面形成一个下陷的凹痕,也称为果岭球痕。根据击球方式的不同,球痕的深浅也不同。每个球员都有义务修复由自己的球造成的球痕。方法是:用球座尖端或果岭修理叉沿凹痕周边向中心插入并挖起,直到凹陷部分与表面平齐,然后用推杆头底面轻轻敲击压平实。球员在果岭上看到其他未修复的球痕时,如果时间允许,也应予以修理。如果每个人都主动修理果岭球痕,其效果是令人惊奇的。不要只依赖球童去修果岭,一个真正的球员总是随身携带果岭修理叉(见图2-4)。

(三)不要破坏别人的推击线

观看高尔夫赛事电视转播时,你或许曾看到职业球员推球入洞后,在洞边手扶推杆握柄,身体倚靠推杆弯身从洞杯中拾球。你或许觉得这个动作很有型,也想照做。但最好不要学。因为此时杆头会压迫球洞周边的草皮,导致不规范的球路偏移,将改变球在果岭上原有的滚动状况。果岭上球路的偏移状况只能由球场设计师或自然地貌来决定,而不应由球员人为而定。

图 2 - 4　修复果岭球痕

一旦球停在果岭上，就存在一条假想的从球位到球洞的推击线。球员应避免踩踏同组其他人的推击线，否则有可能影响球员推击的效果，这是极不礼貌的行为，是对其他球员的冒犯。

（四）确保正在推球的同伴不受干扰

当同组球员在推球或准备推球时，你除了不能走动及发出声响以外，还要注意自己的站立位置，应站在推击球员视线之外，同时按规则规定，不能站在推球者推击线向两侧的延长线上。

（五）关于照管旗杆

通常照管旗杆的工作由球童完成。如果一组球员没有球童跟随，那么球位距洞最近的球员首先负责为其他球员照管旗杆。正确的照管旗杆动作应是站直身体，伸直手臂握住旗杆身。如果场上有风，应在握住旗杆的同时抓住旗面固定。同时拔除、移走旗杆的时间也应掌握好，除非推击球员要求移走旗杆，通常应在球员推击后马上移开，不要等到球接近洞口时才动作。此外，球员照管旗杆时还要注意自己的影子不要影响推击者，确定影子不要遮在球洞或推击线上。

拔除旗杆的动作要轻柔，首先缓缓转动杆身，然后再轻轻地拔出来。如果所有球员都要求移开旗杆，可以将其平放在果岭环上，而不是放在果岭区域之内。在没有球童跟随的情况下，拾起、放回旗杆的工作应由最先推球入洞的球员在最后一位球员球进洞之后完成，以避免拖延时间。放回旗杆时也需对准洞杯轻柔操作，切忌让旗杆末端戳到洞口周边草皮。

根据最新规则，旗杆可以留在洞内进行推杆。由此，是否拔除旗杆需要遵循打球者的意见进行。

（六）不要在果岭上停留过久

在每洞果岭，当最后一位球友将球推入洞后，同组球员应迅速离开，走向下一发球台，如需要通报记录成绩，可以边走边做，不要耽误后面组上果岭。打完最后一洞时，在离开果岭的同时球友应互相握手致意，感谢对方与自己共度愉快时光（见图 2 - 5）。

图 2-5　比赛结束脱帽致敬

五、高尔夫观赛礼仪

作为一项高尚运动,高尔夫赛事考验的不仅是球员的球技,对于现场观赏的球迷来说,同样是一大考验。在观看精彩击球、为喜爱的球员加油时,高尔夫观众需要遵守以下观赛礼仪。

(一)观赛着装要求

高尔夫球员有着严格的着装要求,也希望观众有同样的着装礼仪。具体如下:上半身穿有领 T 恤,禁止穿背心、无袖服装、吊带衫、圆领汗衫、牛仔服等非正式服装;下半身穿休闲长裤或及膝中裤(穿着短裤不可高于膝盖 4 英寸,10.16 厘米),不可穿着牛仔裤、运动短裤等;鞋履要穿平底鞋或高尔夫球鞋,禁止穿着高跟鞋、拖鞋等不符合高尔夫礼仪的鞋子;建议戴上帽子,以免长时间在户外观看比赛时晒伤。

(二)给予球员最佳的击球环境

比赛中球员需要高度集中注意力,即使是轻微的动作都可能对他们造成干扰。保持场内安静,球员做出准备动作站上击球位置、场边工作人员举起“安静”或者“禁止拍照”牌子时,请尽量不发出任何声响,不再走动,请不要在球员击球时拍照与摄像(球员练习日除外)。同时请勿在球场中大声说话,特别是用手机通话。

(三)保护好球场环境

观众保护好球场环境是必备素质之一。在球场中请勿随意丢弃瓜皮果壳、纸巾等;比赛球场经常会用围绳把球道围起来,通道通常在球员击球后的安全状态下让观众通行,这样的通行时间较少,请抓紧时间通过;禁止随意穿越球道,禁止在果岭上有玩耍、拍照等行为。

(四)尊重每一位球员

在高尔夫比赛里,球员的运动精神与品格都值得我们学习。无论喜爱与否,每位球员都应该得到尊重与鼓励,让我们把最美好的微笑、掌声带给他们。如果想见球员并请他们签名,一定要等到他们打完该轮比赛,在指定地点向他们索要签名。一般来说,球员只有在该轮比赛结束后才会愿意签名。在赛程进行中跟他们说话或索要签名都是十分不礼貌的行为。

观看高尔夫球赛也讲究方式方法,建议进入球场时仔细阅读当日比赛出发表,找到你喜欢的球员一路跟随该组球员流动观看比赛,或者固定在一个地点或者看台观看所有经过的球手比赛。

拓展阅读

从古老的故事里读懂高尔夫礼仪,读懂贵族文化精髓

　　高尔夫运动在中国行之30余年,即使高尔夫从业人员始终推崇高尔夫文化,高尔夫文化逐渐被关注也只是近些年的事情。并非拿着球杆进了球场,抑或买了高尔夫房产,就可以称为"高尔夫生活"。至今,打球者故意损害球场草皮、在禁烟区丢烟头、不顾前组人安全就进行击球等现象屡见不鲜,没有对高尔夫礼仪的理解、致敬和遵守,便也迷失了品味高尔夫曼妙生活的道路。

　　1. 汤姆·莫里斯的故事

　　他真正被后世敬仰、被奉为"高球伟人"的一大原因是传承并演绎了何谓高尔夫精神。在莫里斯留传下来的个人画像中,出现最多的场面并不是他向人们展示4届英国公开赛冠军的飒爽挥杆英姿,而是一只手插进裤袋,一只手拿着球杆,神情非常庄严的凝视形象。

　　据闻,画像表达的是他对前组打球人的一种安静等待,充分尊重对方,发自内心为别人的安全和打球心情着想。当莫里斯在英国看见球场里有人大声喧哗和不顾秩序时,他悲痛地喊:"这不是高尔夫!"是的,早在200年前,莫里斯就已经为高尔夫下了"定义",这不仅是运动,更是通过礼仪自律让身心不断提升的一种生活模式。

　　2. 鲍比·琼斯的故事

　　当他第一次远赴圣安德鲁斯老球场参加英国公开赛时,因适应不了林克斯球场的大风和漏斗沙坑,气急败坏地不顾球童劝阻离开球场直接弃权比赛,并说出难听的话语。他的举动引起了一阵轰动,人们认为他"侮辱"了世界高尔夫圣地圣安德鲁斯。那时的琼斯只是一个打球天才,还不是美国高尔夫发展史上的伟人。

　　在之后与高尔夫更深入的接触中,琼斯逐渐认识到自己的问题,开始转变心态去尊重每一条规则、每一座球场,他再也不摔杆和以言语发泄情绪,并深深爱上了圣安德鲁斯老球场,随后亲力亲为打造世界顶级的奥古斯塔球场。身体变得健康,脾气变得平和的琼斯在享受高尔夫生活的同时,也获得了全球的敬仰,造就了个人的传世辉煌。

　　资料来源:《高尔夫周刊》。

 **思考题**

　　1. 高尔夫运动有哪些基本特点?

　　2. 举例说明高尔夫的基本属性。

　　3. 高尔夫运动包括哪些基本礼仪?

　　4. 爱护高尔夫球场环境的礼仪主要体现在哪些方面?

　　5. 为他人着想的礼仪主要体现在哪些方面?

第三章　高尔夫球场

高尔夫球场是保证高尔夫运动开展的首要前提。本章着重介绍高尔夫球场的组成部分及其功能，高尔夫球场各个区域的设置，高尔夫球场类型、特点及差异性，特别介绍国内外著名球场。

第一节　高尔夫会所区域设置与功能

高尔夫球场是画在土地上的一幅画。高尔夫具有悠久的历史，也是当今风靡全球的户外时尚运动。高尔夫爱好者着迷于这项运动的原因之一，就是它有着形态各异、风格不同的场地。

高尔夫球场是由草地、湖泊、沙地和树木等自然景物组成，经过高尔夫球场设计者的精心设计创造展现在人们面前的艺术品。它一般建在开阔的土地上，经过人工绿化和独具匠心的点缀，使自然景观、现代建筑与人文环境融为一体。

最初的人工高尔夫球场主要分布在海滨区域，严重依赖自然地貌，对建造水平要求较低。20世纪初，高尔夫在各地快速发展使得场地需求激增，经过专业高尔夫场地设计师和建造师不断的探索与实践，内陆型的高尔夫球场逐渐增多，大工业时代各种机械设备不仅加快了高尔夫球场的建造速度，让剪草机代替了"羊群剪草师"，各种喷灌与排水科技更是大大加快了高尔夫球场的建设。

科技的进步与经济的发展，把高尔夫球场从苏格兰的滨海带到了世界各地，高尔夫球场的分类标准不是以设计师或者场地内部的某种特征为依据，而是由高尔夫球场所处的环境、地形地貌的特征所决定，城市公园高尔夫球场、森林高尔夫球场、山地高尔夫球场、丘陵高尔夫球场、海滨高尔夫球场、沙漠高尔夫球场等称呼也因此而得名，世界上几乎不存在完全相同的高尔夫球场。高尔夫球场的设计与建造不仅是一门技术，而且也是一门艺术。

随着高尔夫运动及高尔夫球场相关产业的发展，现代高尔夫的设施与运动条件不断完善，功能更加多元化。高尔夫球场不但是运动的场所，而且可以是集休闲娱乐、住宿餐饮为一体的休闲度假综合体。例如：世界上最大的高尔夫球会——观澜湖集团打造的是一个综合休闲养生胜地，囊括了高尔夫运动、度假酒店、养生、文创教育等方面；宝业会稽山国际度假村有限公司结合江南文化、高尔夫运动，秉承宝业集团的经营理念与阳明文化等，打造休闲度假与研学旅行一站式服务(图3-1高尔夫休闲度假综合体)。

一般高尔夫球会按照内部区域和功能的不同，可以划分为3个主要功能区：会所区、球道区和草坪管理区。各功能区相互协作为每一位客人提供优质的服务，大型高尔夫赛事提供的平面图较为专业与详细地展现出各个功能区与球道区分布(见图3-2)。

会所区是整个高尔夫球场的管理与运营中枢，也是球场接待、办公、管理、后勤供应的场所

图 3-1　高尔夫休闲度假综合体

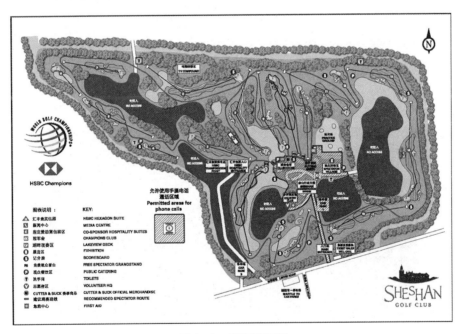

图 3-2　赛事平面图

（见图 3-3）。会所区一般有主楼、停车场、练习场、高尔夫学院及其他附属设施等组成,占地面积一般在 2 万~5 万平方米。

　　会所区除了作为管理上的中枢外,在球场的布局上还具有连接其他各个区域的桥梁与纽带的功能。在球场规划中,一般将会所设置与其他各区衔接区域,以便球场管理、球员打球及用餐,一般情况下会所的一边是前 9 洞(out),另一边是后 9 洞(in),打球者打完前 9 洞之后会到会所就餐、休息等,然后再进行后 9 洞的击球。

　　经过几个世纪的演变,会所从最初的木头架,中期发展为以存放俱乐部会员球具和制作高尔夫球具的操作间为基本功能的服务区,直至现在发展为综合性的娱乐、餐饮和管理中心。

图 3-3　高尔夫会所

图 3-4　前 9 后 9 指示牌

一、会所主楼

主楼是会所区的主体设施,主楼一般为 2~3 层,建筑风格与形式多样化,并且与球场的整体风格、当地文化或者建筑特点融为一体(见图 3-5)。主楼建筑面积依据球场的整体定位进行规划,一个 18 洞高尔夫球场配套的会所主楼面积一般在 5 000~10 000 平方米。其内部设施齐全,一般设有前台、接包处、出发台、球童室(球童培训室)、球童车充电室、存包室、餐厅、更衣室、高尔夫专卖店(见图 3-6)、高尔夫工坊、雪茄吧、会议室、办公室、休息室等为球员及陪同人员提供的服务设施。

图 3-5 高尔夫会所主楼

图 3-6 高尔夫专卖店

二、停车场

停车场包括两个部分：一个部分是专门为打球客人准备的停车场，一般建立在会所的周围或者地下，大小依据高尔夫球场最大的接待量来建造；另一个部分是高尔夫球童车的停车场，一般在出发台附近(见图 3-7)。

三、练习场

多数高尔夫球场均设有高尔夫练习场、练习果岭与切杆果岭，以供球员打球热身和适应当天打球环境、果岭速度等。

图 3-7　高尔夫球童车停车场

（一）高尔夫练习场

　　高尔夫练习场通常指挥杆练习区域,一般布置于会所与出发台附近,打球者在会所办理手续之后常常会来到高尔夫练习场做一些准备活动。高尔夫练习场的大小没有具体的规定,长度约 229~275 米(250~300 码)比较适宜,宽度一般为 80~100 米,练习场面积为 2 万~4 万平方米。有些较小的练习场为了安全需要设有围网。练习场一般都具有较开阔的视野,相对平坦,容易让球员看到球的落点。打击位一般布置有供球员休息与饮食的桌椅和存放球具、租赁球具、维修球具、提供饮料的服务处等(见图 3-8)。

图 3-8　高尔夫挥杆练习场

练习场内一般设有目标果岭,为球员提供打击的目标,测试击球距离和击球的准确性。目标果岭常设置在距离打位 50 码、100 码、150 码、200 码(1 码 = 0.914 4 米)的位置。目标果岭不是真正意义上的果岭,只是练习场内通过草坪修剪形成(见图 3-9)。

(a)　　　　　　　　　　　　　　　　　(b)

图 3-9　练习场目标设置

(二) 练习果岭

一般设在会所区附近,靠近出发台和高尔夫练习场,供球员练习推杆与切杆技术、感受当天果岭速度,是高尔夫球员赛前的热身场所之一(见图 3-10)。

图 3-10　推杆练习果岭

练习果岭的面积较一般果岭要大,果岭上设置 10 个以上的球洞(球洞位置不断更换,以更好地进行草坪养护)。其面积大小取决于来球场打球的人数、使用强度等因素。练习果岭一般相对平坦,没有球道中的果岭那么大的起伏,每天练习果岭的草坪与球场中果岭的草坪长度一致(以保证相同的果岭速度),因此在会所通往 1 号/10 号发球台的明显位置会告知打球者一个重要信息就是当天的果岭速度(见图 3-11)。

图 3 - 11　果岭速度告示牌

四、高尔夫学院

高尔夫学院是为高尔夫球初学者安排培训课程、提高球技的场所。一般设置在高尔夫练习场或者室内模拟器(见图 3 - 12)上,实施高尔夫运动培训计划。球员可在高尔夫学院接受有关高尔夫球的课程教育。这里同时还承载着传播高尔夫运动的作用,常常举办高尔夫夏令营、高尔夫亲子活动与体验活动等,广大青少年高尔夫球员、职业球员均从高尔夫学院开始起步。

图 3 - 12　高尔夫教学

五、球员餐饮区或者观众餐饮区

高尔夫比赛球员餐饮区与会员餐饮区(见图 3 - 13)一般设置在会所内,观众餐饮区一般是举办大型赛事时临时搭建的区域,常常与高尔夫互动区连为一体,方便观众在观看高尔夫赛事之余休闲娱乐(见图3-14)。

图3-13 会所内餐饮区

图3-14 临时餐饮区

六、健身房和游泳池

健身房和游泳池是高尔夫球场的补充设施,一般度假型球场具有这些功能。如会稽山高尔夫球场是一个度假型的球场,在其度假村的阳明酒店中就设置了完善的健身房与游泳池,不仅为打球的客人提供服务,同时也为打球客人的家属提供便利。

七、后勤服务区

后勤服务区主要是球道区日常维护管理机械和物资存放的区域,是机械保养和维护的区域,也是进行草坪实验与其他管理活动的场所。

它是对球道区进行管理的核心部位,内设草坪部。草坪管理区一般设在球场内利于对球道区进行管理以及与其他各区联系的位置,一个18洞高尔夫球场的草坪管理区的占地面积为0.5万~2万平方米。同时,球场还应有一个果岭草坪备草区。草坪部下设机械操作组、果岭管理组、园林管理组和设备维修组等部门。

八、其他附属设施

1. 会议室

提供大小不一的会议室为赛事组织、团体或者公司会议提供便利。

2. 草坪婚礼

根据球场的经营特点进行的产品细化,度假型酒店可以提供宴会服务与举办婚礼服务。

3. 体验活动

根据当地特色与资源挖掘出来的产品,比如采摘活动、骑马活动、徒步活动等。

第二节　高尔夫球场区域设置与功能

高尔夫球场区一般占地50~80公顷,由18个球洞组成,按照距离的长短来分,可以分为长距离球洞4个、中距离球洞10个、短距离球洞4个,三种类型的球道又是根据"标准杆"设定(所谓标准杆就是球员根据设计应该完成的杆数)。一般情况下,长距离的球洞设为5杆洞(PAR5),中距离的球洞设为4杆洞(PAR4),短距离的球洞设为3杆洞(PAR3),(设置依据见表3-1),每一条球道分别由发球台、球洞区通道、障碍区、球洞区(果岭)组成(见图3-15)。

表3-1　球洞类型设置依据

球道类型	长度范围(码)	标准杆数(PAR)
长距离球洞	471以上	5
中距离球洞	231~470	4
短距离球洞	90~230	3

注:1码=0.914 4米

一、发球区(台)

发球台是每个洞打球的起点和开球的草坪区域,略高于球道地面,为平台式或阶梯状的修理平整的较细的草皮。每一条球道的发球台一般有3~5个TEE台区域以供高尔夫球员选择开球,每一个TEE台用不同的颜色标示,一般分为红、白、蓝、黑(若设有5个TEE,则在蓝黑之间加入金TEE)。它们的作用分别是:红色标记——业余女子球员、业余女子比赛时用或青少年球员发球用;白色标记——业余初学男子球员或业余女子高手发球用;蓝色标记——业余男子高手、业余男子比赛时用或职业女子发球用;黑色标记——职业男子球员发球用。一般打球者可根据自己的水平从不同发球台进行开球(见图3-16)。

发球台的规格,单个发球台的面积一般在100~400平方米,其面积要根据打球人数、球场使用强度来具体确定。发球台两侧设置有开球标记物,用以限定发球台两侧和前缘的边界。

图 3 - 15　高尔夫球场区域

图 3 - 16　常用发球台

发球台高度比四周地形约高 30~100 厘米。

高尔夫球发球台的良好应用性能主要包括：① 光滑度；② 稳固性；③ 密度；④ 均匀度；⑤ 回弹力及修剪高度。其中光滑度是最为关键的，这样可使球员保持水平稳定、平衡的击球姿势。

发球台的设置一般遵循四种风格：一线式排列发球台、左前阶梯排列发球台、右前阶梯排列发球台、交错式排列发球台。

职业高尔夫比赛发球台是经过精心准备的，包括主办方广告牌、赞助商广告牌等，甚至会设置一杆进洞的奖品(见图 3 - 17)。

发球台应根据实地对球道长度的测量结果埋设一个永久距离标志，作为测定球道的长度标准。永久距离标志一般埋在发球台一侧的中间位置上(见图 3 - 18)。

图 3 - 17　职业比赛发球台　　　　　　图 3 - 18　地标——发球台到
　　　　　　　　　　　　　　　　　　　　　　　　果岭中间距离

　　发球台附近通常还设有一些其他的附属设施,如球道标志牌(见图 3 - 19)。球道标志牌是一个石制、木制或其他材料做成的牌子,上面通常刻有球洞的序号、球洞长度码数、球洞标准杆数和该洞在整个球场中的难度序号。有些球场的标志牌还刻有该球洞的平面图案,供球员决定该洞的打球战略。

图 3 - 19　球道标志牌

　　通常情况下,1 号发球台还配有抽签工具,方便打球者通过抽签的方式决定发球顺序。

二、球洞区通道(球道)

　　球洞区通道(球道)是球场中面积最大的部分,是指连接发球台与果岭的、较利于击球的草坪区域(见图3-20)。球道两侧可保留原有自然起伏的地形以及防止越界的缓冲栽植,球道中也可利用不常修剪的草地、灌丛、丘陵、池塘、水道、沙坑等障碍物以增加景观的变化,增加球员挥杆的难度和兴趣。如果球员击球不正确,把球击入障碍区,再要把球击出就比球道中击球难多了。每个球道不仅应与高尔夫球场整体相协调,而且还应具有各自的特色。理想的高尔夫球道应既富有挑战性又可合理打球。

图3-20　球道图

就一个球道而言,从发球台到球洞的长度为该球道的距离,通常以码为单位。一般长度在230码以内的球道称为短距离球道,标准杆数为3杆(俗称3杆洞);长度在231~470码称为中距离球道,标准杆数为4杆(俗称4杆洞);长度在471码以上称为长距离球道,标准杆数为5杆(俗称5杆洞)。球道的宽度通常40~120码之间,鉴于各球场的地形、地貌不同,难易程度不一,每个球洞的标准杆数可作调整。我们通常所说的标准高尔夫球场为18洞、72杆,即在18个球道中有4个三杆洞、10个四杆洞和4个五杆洞,标准杆数为(4×3)+(10×4)+(4×5)=72,其标准杆数的总和为72杆。球道长度因每个洞杆数的不同而不同,标准18洞球场的球道总长度为6 000~7 500码。

表3-2　某高尔夫球场距离与标准杆数

球洞序号	距离(码)					标准杆数
	金Tee	黑Tee	蓝Tee	白Tee	红Tee	
1	432	412	390	351	328	4
2	431	404	384	370	342	4
3	581	530	497	460	418	5
4	408	381	365	343	324	4
5	212	186	164	145	107	3
6	559	515	475	435	412	5
7	208	174	128	107	67	3

球洞序号	距离（码）					标准杆数
	金 Tee	黑 Tee	蓝 Tee	白 Tee	红 Tee	
8	457	422	395	361	339	4
9	443	409	393	370	353	4
10	420	392	370	331	325	4
11	592	560	515	482	436	5
12	404	365	355	324	302	4
13	230	190	160	142	119	3
14	618	574	525	482	434	5
15	446	421	398	375	324	4
16	172	155	132	113	84	3
17	457	432	380	352	314	4
18	448	404	384	337	325	4
合计	7 518	6 926	6 410	5 880	5 353	72

　　球道的设计常常是根据地形进行，有的球道是直线的，有的球道从发球台到球洞区是弯曲的，通常往左边转弯称为左狗腿洞，往右转弯称为右狗腿洞。在球洞区通道中常常看到草剪得比较短的球道，还有更大面积的草相对较长的部分，俗称为长草区。设置长草区主要目的有几个方面：① 增加击球难度；② 防止水流失，便于球场维护；③ 便于发现和找到球；④ 景观设计。

　　长草区的面积由于球场占地面积和设计要求的不同，差异很大。一般一个标准18洞的高尔夫球场的长草区占地面积为15万～40万平方米，有的球场由于土地资源的限制或为了加快打球速度，甚至不设置长草区。长草区根据剪草高度、管理水平和距离球道边缘远近的不同分为初级长草区和次级长草区两种。紧邻球道两侧、修剪高度较低的区域为初级长草区，其养护水平较球道草坪稍低或近似球道。宽度一般在10～15米，主要取决于树木离球道的距离、洞与洞之间的距离，以及是否有隔离带存在等。初级长草区的内缘线与球道轮廓线相重合，但与球道能形成较明显的反差，较易将两者分开来。初级长草区的外缘线一般与周围的景观融合于一起。高尔夫球车道路和管理道路一般都设置在次级长草区中。有些球场不设置次级高草区或面积很小。在管理水平较高的球场，有时在初级长草区与球道之间还留有中间长草区，其草坪修剪高度介于球道和初级长草区之间。长草区在海边林克斯（links）球场较为常见（见图 3-21）。

三、障碍区

　　障碍区，包括水障碍区和沙坑，设置障碍区的目的是未来增加球洞区通道（球道）的难度。通常水障碍区或者保留原有的自然水塘、河流湖泊，或者由人工设计建造而成，沙坑则是人工设计建造而成。

图 3-21　球道长草

（一）水障碍

球场中的湖面、池塘、河流、小溪、沼泽地或其他开阔水面等影响打球的水面，不管其中是否有水，都被称为水障碍（见图 3-22）。水障碍是构成球道战略性和挑战性的要素之一，同时还具有提高球场的视觉景观效果和抗洪排涝、为喷灌系统蓄载水源的功能。早期的高尔夫球场，设计者常常在不破坏原生态的基础之上进行设计，一般不制造更多水障碍。原始的苏格兰海滨球场中除了几条小溪之外，几乎看不到宽阔的水面。现代设计的高尔夫球场中，水障碍应用较多，特别是在平原球场中，一般会建造一些人工湖面以增加球场的景观效果。

图 3-22　水障碍区域

根据水面在球道中所处的位置，水障碍分为两类：正面水障碍（见图 3-23）与侧面水障碍（见图 3-24）。根据《高尔夫规则》，正面水障碍就是水面在球道中间，击球路线需要从水面上空经过,用红色线和红桩标识,而侧面水障碍则是在球道的侧面,击球路线无须从水面上空经过,用黄线或者黄桩标识。

图 3-23　正面水障碍

图 3-24　侧面水障碍

（二）沙坑

沙坑在古老的林克斯球场中是被海风吹出来的光秃秃的不毛之地,是自然形成的现象,而现代的沙坑都是人为设计出来的球道障碍,是四周被草坪围绕、中间被沙子覆盖的凹陷地。它是球场障碍区的一个主要组成部分,是组成打球战略的一个重要因素。沙坑的沙子一般为浅颜色,大多采用白沙或者黄沙(沙的材质相对细腻柔软),与周围的绿色形成鲜明的对比,从而使球场景观更加优美。沙坑的面积一般 150~400 平方米,随着管理的机械化,现代高尔夫球场的沙坑面积在不断增大,球道沙坑总面积通常比果岭的面积大。沙坑的形状一般分为锅底形、线虫形、自由形等,沙坑的形状取决于周边造型和沙坑的位置以及设计师的设计风格等。沙坑的数量也没有严格的规定,主要取决于设计师的设计意图、球场投入的建造费用和管理费用等,一般为 40~80 个不等。沙坑数量越多,建造与管理的费用越多。

根据在球道中所处位置的不同,沙坑常常有球道沙坑(见图 3-25)和果岭沙坑(见图 3-26)之分。球道沙坑布置在球道两侧或中间,大部分都布置在落球区附近;果岭沙坑布置在果岭四周,用于护卫果岭,增加打球的难度。

沙坑的主要功能:

（1）作为球道障碍区,构成每个洞设计架构和击球战略性的一个部分。

（2）惩罚打球者的过失击球。

（3）作为打球者打球方向参照,并作为给打球者提供感觉球道高差变化的标志物。

（4）作为球道安全缓冲区,增加球道安全性,尤其在前一洞果岭与下一洞发球台相距较近时,果岭后边的沙坑可以防止打到果岭的球弹击到发球台上造成伤害。

（5）作为两个平行秋冬的分隔带,可增加球场的景观效果。

四、球洞区（果岭）

球洞区,是每条球道攻击的目标区域,英文称为 Green(译为"果岭")。球洞区是一块特殊

图 3-25 球道沙坑

图 3-26 果岭前沙坑

的草坪区域,是经过人工精心雕琢的短草区域,球能在略有起伏的球洞区草坪上无阻碍地滚动。球洞区(果岭)的形态大小没有统一规定。球洞区面积一般为 200~1 000 平方米不等。一般情况下,球场中的果岭面积和球场的设计风格与特点相一致。设计者常常把功能与造型、难度与合理性等相关因素融为一体,以创造出富于变化的球洞区(果岭)形态,给打球者增加难度与趣味。

球洞区(果岭)一般从果岭形状上可以分为以下几种类型:

(1)岛型果岭(见图 3-27)——果岭四周被水或沙坑所围绕,使果岭犹如处于岛上,俗称"岛型果岭"。

　　（2）炮台果岭（见图 3-28）——果岭高出球道较多，位于高台之上，形成了球道与周围环境的落差，俗称"炮台果岭"。

　　（3）邮票果岭——果岭面积较小，较平，四周设置大量沙坑，俗称"邮票果岭"。

　　（4）椅状果岭——果岭三面被土丘或山体环绕，山体像是椅背，果岭像座椅，俗称"椅状果岭"。

　　（5）梯田果岭——果岭表面明显分为两层，形状如同梯田，俗称"梯田果岭"。

图 3-27　岛型果岭

图 3-28　炮台果岭

　　除了一些常用的果岭类型之外，还有一些特殊果岭，如浮动果岭、心形果岭、双果岭等。浮动果岭在打球过程中把球击向果岭之后，需要摆渡到果岭上进行推杆，完成一个球洞的击球。

　　另外，果岭上的球洞也是组成高尔夫球场球道区的基本单元，球洞由专门的打孔器设置，球洞直径 10.8 厘米，深度至少为 10.2 厘米，洞内为铁制或塑料制的杯，杯口应至少低于地面 2.5 厘米。在球洞上插的标志旗杆是一种设置在球洞中心的带旗帜、可移动的旗杆。其横切面应为圆形，直径不超过 1.9 厘米，旗杆高度一般为 1.8~2.5 米。旗杆常涂有颜色。旗子的颜色一般都比较显眼，常常是黄色或红色等，以便与草坪的绿色背景形成强烈反差。

球洞是一种非固定位置的设计,一般情况下球洞区会设置4~8个球洞,每天更换不同的球洞位置会让球洞区的草轮休生长,不同的球洞位置也会增加或者减少球道的难度。球洞位置在果岭中间时意味着该球道的难度低,球洞位置在果岭边缘时(尤其是果岭周围布满沙坑或者侧面水域等)就是增加球道的难度。球场举行正规高尔夫球比赛时,球洞位置的设置与日常的球洞位置选择有所不同,尤其是举办国际性的高尔夫球大赛。一般一场国际性高尔夫球大赛需要进行4轮比赛,因此,在赛事期间,每个果岭上选择的4个球洞位置要有不同的难度系数,进行球洞位置设置时,应对所有球洞的难易程度加以综合考虑,将果岭上不同难度的球洞适当地分布到每轮比赛,使整个四轮比赛的球洞难度保持均衡。高尔夫球大赛中球洞位置的确定除了要考虑天气、风向、草坪状况以及每个洞在比赛当天的打球情况等因素外,还要注意保持整个比赛的平衡性。

第三节　高尔夫球场的分类

高尔夫球场通过设计与建造融入自然景观,形成可供人们竞技与娱乐的户外运动场地,世界上36 000多个高尔夫球场没有两个完全相同,每一个高尔夫球场都有其不同的地形与地貌特点,也就形成了每个高尔夫球场的不同特色与风格。

一、按照球场的地形分类

(一)海滨球场(林克斯球场)

海滨球场,也称为林克斯球场,是英文单词"links"的音译。林克斯原指苏格兰的海边区域,本区域基于大海与农田/人类居住地之间,该区域的地质通常是沙地。历史上林克斯特指海边狭长的沙地,多为沙丘、沙地构成,地面如波浪起伏,土质不适合生长植被和树木。美国《高尔夫文摘》的高尔夫球场建设专栏拓展了"林克斯"这个概念。人们将其含义延伸到无论是海边还是内陆,只要球场建造于沙地上,并且常年多风、植被较少的球场,都可以称为林克斯球场(见图3-29)。

图3-29　林克斯球场

林克斯球场的特点是邻近大海,位于排水较好的沙质土地上面,常年风大多变,没有树木与景观植被,只有适合海边沙滩地生长的长草、灌木与沙棘,很少有内部水源,往往造成高尔夫球道相对较硬,发球台、球道、果岭的绿色草坪与长草区的金黄色形成强烈的视觉反差,呈现出林克斯球场的自然和谐。

(二) 山地球场

山地高尔夫球场,是以山地环境为主体特征的球场(见图3－30)。山地高尔夫球场拥有美不胜收的景色,球场峰峦叠嶂,树木苍翠,桃红柳绿,碧草如茵,还有蝉鸣鸟叫,蝴蝶翩飞,挥杆之时尽享快意美景。同时山地球场拥有高难度的挑战性,球道起伏不断,落差很大,又有沟壑、山谷、湖泊相间,更是增加了挑战的趣味和难度。对于运动者来说,山地高尔夫广阔的空间提供了更好的锻炼休闲场所,自然环境的多样也加强了运动中的锻炼形式。和一般的竞技项目有所不同,山地高尔夫更重要的是那种凝神静气、心无旁骛、完全融于蓝天绿草之间的感觉。挥出的每一杆都要有良好的姿势,都要全神贯注,是一种更高层次的心灵体验。

图3－30　山地球场

山地高尔夫球场一般球道跌宕起伏、变化丰富,高地落差大,球道坡度大,山岭险峻,同时球场的季节性山风、山体的视觉差容易造成距离上的判断失误,还有造型多变的果岭,差异大、暗线多再加上果岭速度快,对开球落点的精准度有很高的要求,给打球者带来挑战与乐趣。

(三) 树林球场

树林高尔夫球场(见图3－31),多数以茂密的树林为依托,将自然树木与球场建造融为一体,球道两侧的树木既是一种自然景观,也是一种天然的屏障与球道障碍,树林密布的球道造成了击球的难度。因此,在树林高尔夫球场打球最大的挑战是尽量不让球进入树林。

(四) 河川球场

河川球场,通常是指地处湖泊、河岸地域的高尔夫球场(见图3－32)。这一类的球场在我国江南地区较多,由于河流众多、水域广阔,球场设计与建造多以这种地形为依托。河川球场的显著特点就是自然的河流、湖泊与人工的池塘构成了球场的一大景观,水系面积大是这类球场的基本特点。因此,在河川高尔夫球场打球最大的挑战是尽量控制球不进入水域。

(五) 丘陵球场

丘陵高尔夫球场,以坡度较缓的丘陵和水塘为依托,将球场设计融入自然环境中。丘陵高

图 3-31　森林球场

图 3-32　河川球场

尔夫球场依山傍水,地形起伏自然多变,既可表现丘陵高尔夫球场平坦轻松的风格,又能尽情描绘地形的起伏跌宕。

　　丘陵高尔夫球场没有山地球场那样陡峭、落差大。在丘陵高尔夫球场击球既能感受到强烈的挑战,又能体验到轻松、平缓与安全舒适的击球感受。

二、按照球场的经营性质分类

(一) 纯会员制俱乐部

　　纯会员制高尔夫俱乐部是主要为会员提供服务的私人制俱乐部。高尔夫球场与会所的设施与服务较为高档。这一类的高尔夫球场坚持小规模的运营模式,常常以消费者的财富或者地位作为加入的条件与"门槛"。会员的数量限定在一定的数量范围内(一般 10 洞球场限定在 600~1 000 张会员卡)。世界著名的美国奥古斯塔国家俱乐部就是典型的纯会员制俱乐部,由于只对会员进行服务,有会员退出才能有新会员加入,并且申请加入会员者必须各方面接受评估才能加入成为俱乐部会员,使得这一类俱乐部的会籍价格不断增高。

(二) 商业型高尔夫俱乐部

商业型高尔夫俱乐部,也叫开放性会员制高尔夫俱乐部。这类球场不仅继承了传统俱乐部的经营理念,也体现出满足现代市场多元化消费需求的经营策略。这类俱乐部不仅通过个人会籍销售来发展俱乐部的高端客户(会员),同时也为非会员提供服务。会员与非会员享受的价格常常有较大的区别。

(三) 公众型高尔夫俱乐部/球场

公众型高尔夫俱乐部(或球场),通常情况下没有俱乐部会籍产品,一般不发展会员,是面向社区、社会大众开放的休闲娱乐体育设施。这类俱乐部的消费价格也远远低于其他类型的高尔夫俱乐部,当然球场的会所一般比较小,球场的设施设备、球场品质相对一般。但是从某种意义上讲,公众高尔夫俱乐部(球场)是真正实现高尔夫运动大众化、社会化发展的保障,这类球场在欧洲、澳洲、美国等地较为普遍,目前国内的公众型高尔夫俱乐部还很少。

(四) 其他高尔夫设施

1. 高尔夫练习场

高尔夫练习场是一种专门为打球者提供练习挥杆的场所(见图3-33)。其场地大小与练习场地设施条件完全根据实际情况而定。有的练习场练习打位多达几十个或者上百个,可以达到300码(约274.32米)以上的距离;而有的只有十几个或者更少的练习打位,距离短并且需要安装安全网等设施。往往高尔夫球场自带的练习场按照建造球场的标准建造,比较美观;而城市高尔夫练习场草坪养护较差,但是城市高尔夫练习场有着交通便捷的优势,更像健身场所,常常人满为患,营业时间也会到很晚。

图3-33 上海旅专高尔夫练习场

2. 高尔夫模拟器

高尔夫模拟器也称室内高尔夫,是利用红外线、雷达感应、高速摄像、投影仪等科技手段,结合电脑模拟高尔夫球场仿真模型,创造出高尔夫球场的真实场景(见图3-34)。高尔夫爱好者仿佛置身于高尔夫球场环境中,享受现代空间与视觉的乐趣。一般情况下,这种设备常见于休闲俱乐部、高级宾馆、度假村、私人别墅、私人会所及游乐场所。高尔夫模拟器设备便于移动、易于安装、不受天气影响等特点受到城市高尔夫爱好者的欢迎,不仅被很多专业球员用作辅助性练习的工具,也是现代很多高尔夫学院的青少年教学场所。

图 3-34　室内模拟器教学

三、按照球场的功能分类

(一)锦标赛型球场

锦标赛型高尔夫球场,首先体现的是能够满足职业比赛所需要的球道长度,以及符合职业比赛需要的球场难度,球场长度一般在 6 800 码(约 6 217.92 米)以上,经营这类球场的俱乐部,通常以承办大型高尔夫赛事或其他赛事活动而著称,俱乐部的其他设施设备,以及俱乐部管理人员都具有良好的高尔夫专业知识和赛事运作与管理能力。

这类球场的特点是以承办各种大型高尔夫赛事活动作为俱乐部拓展市场的优势。同时,也在球场服务与设施方面,以高标准、高水平、高质量、专业化服务,满足比赛中的球员与消费者的服务需求。

(二)都市商务型球场

都市商务型高尔夫球场,通常位于城市开发区域或者城乡接合区域。由于地处城市与郊区位置,其设计风格是根据有限的土地资源进行设计与建造。球场的球道相对较窄,球场造型、景观造型、植被与水障碍等,均体现出人文设计理念。这一类的球场服务设施设备按照较高标准(五星级酒店)设计,以满足消费者的商务往来,以及休闲娱乐的基本消费需求。

都市商务型球场的经营不仅把高尔夫服务项目作为俱乐部的核心产品,同时也会拓展酒店、房地产等方面的项目。

(三)乡村度假型球场

乡村度假型高尔夫球场,通常位于旅游胜地和远离城区的位置,风景秀丽、景色宜人是这类球场的最大特点。经营这类球场的俱乐部通常配置较为齐全的酒店服务设施,供会员或者其他消费者使用,同时按照休闲度假旅游的服务标准为高尔夫旅游爱好者和商务往来的消费者提供高尔夫社交活动,为各种类型的高尔夫旅游团队和个人提供有针对性的服务。

这一高尔夫球场远离城市,或者具有鲜明的地理和气候条件的优势,因此,以高尔夫旅游为主的产品设计和市场开发,是这类球场经营的基本策略。球场设计一般依据自然的地形和地貌来建造,同时在其他辅助设施的建设上与周围的自然景观融为一体,形成球场的特色。有数据统计,美国平均每 8 个高尔夫消费者就有 1 个是常年从事高尔夫旅游活动。随着世界范围内经济发展水平的增长和社会基础设施建设的快速发展,旅游成为生活的一个重要部分,高尔夫旅游也成为国内高尔夫俱乐部重点开发和经营的产品之一。

(四)"迷你型"高尔夫球场

"迷你型"高尔夫球场一般是指球场的场地面积和球道长度不能达到标准高尔夫球场基本建设的要求,在有限土地范围内设计和建造的非标准的高尔夫球场。这类高尔夫球场由于可利用的土地资源的限制或者土地性质的制约,球场只有标准球场的一半,甚至更小,比如9 洞或者球杆特殊限制使用的 3 杆洞等。因此,这类球场属于一种纯娱乐的高尔夫球场,而经营这类高尔夫球场的俱乐部也往往是一种非会员制或者是向社会公众开放的体育公园。

第四节 著名高尔夫球场

一、世界十大最佳高尔夫球场

(一)美国松树谷高尔夫俱乐部

设计者:Crump/Colt(1918),标准杆数 70 杆,6 183 米(约 6 762 码)

松树谷在高尔夫界内充满了神秘色彩,因为它难于寻找,极其隐秘。这个俱乐部位于新泽西人迹罕至的贫瘠松林地带,那些找到了这个地方的人都说,这个球场是世界上顶级的球场之一。1913 年,它的创建者将他买下的 75 公顷杂乱的松树林建成为这个俱乐部。后来又扩张了面积高达 168 公顷的景色如画的原生森林,为俱乐部增添了一段美丽的风景。

(二)美国奥古斯塔国家高尔夫俱乐部

设计者:Mackenzie/Jones(1932),标准杆数 72 杆,6 311 米(约 6 902 码)

这个历史悠久的俱乐部位于佐治亚州的中心,每年春天在这里举办的名人赛是最令美国人追捧的锦标赛。高尔夫世界中最难打和最出名的三个洞都在这里。它主办的大师杯赛是美国所有高尔夫比赛中水平最高、奖金最多的,包括伍兹在内的全球一流高手可以缺席其他比赛,但绝不会放弃在大师杯赛上露脸的机会。奥古斯塔的入会要求极其严格,多年来一直保持在 300 名会员的规模。不对外开放,只为俱乐部成员专用。只有到每年的 4 月份,上百万名观众可以在观看电视转播名人赛节目时,才能看到这个球场。高尔夫世界中最难打和最出名的三个洞都在这里:第 11、12、13 洞合在一起就是有名的"阿门之角"。在这里,优胜者按照传统总会穿上醒目的绿色夹克。

(三)苏格兰圣安德鲁斯老球场

标准杆数 72 杆,6 653 米(约 7 276 码)

15 世纪开始,人们一直在这块富饶的土地上打高尔夫球。除了老球场,这里有四个更精彩的 18 洞球场、一个 9 洞球场和一个接受任何水平球员的训练中心。这里的一切都向公众开放，但必须提前预约。老球场嵌在充满风暴的北海沙丘之中，对世界上最棒的高尔夫球手也充满了挑战。

（四）澳大利亚诺拉波高尔夫球场

在这里，你能找到世界上最长的高尔夫球场！全长 1 365 千米，一共是 18 洞。这个球场位于广袤、平坦的诺拉波平原上，周围是空旷无边的瑰丽景色和随处跳动的袋鼠。想要打完这个球场，得花上三天甚至一周的时间，由于穿过偏远地区，启程前需要进行全面的准备，带好旅游必备物品。

（五）北爱尔兰皇家乡村高尔夫球场

人们常用三个之"最"来形容这个球场，爱尔兰岛最古老的高尔夫俱乐部之一、世界上最美丽的球场之一、世界上最具挑战性的球场之一。石楠花和金雀花簇拥的球道在巨大的沙丘下辗转曲折，轮廓精巧的果岭周围是野草丛生的沙坑。这里宛如世外桃源，景色美不胜收，打起高尔夫球更是惊心动魄。

（六）圆石滩高尔夫球场

作为世上最享负盛名的高尔夫比赛场地之一，曾有人充满赞誉地评价圆石滩的 18 洞每一洞都能带给人与众不同的惊奇感，这归功于杰克·尼维尔和道格拉斯·格兰特的设计。圆石滩高尔夫球场坐落在著名的蒙特罗半岛上，紧靠加州海岸线上的卡密尔湾，内设有切球和推杆果岭、标准杆 3 杆的 Peter Hay 球场以及高尔夫练习场。

（七）澳大利亚皇家墨尔本高尔夫球场西场

皇家墨尔本高尔夫俱乐部是澳大利亚排名第一的顶级球场。俱乐部成立于 1891 年，是澳大利亚历史最悠久的高尔夫球俱乐部，20 世纪 20 年代，俱乐部东迁至现址——黑岩，并聘请艾利斯特·麦肯齐主持设计。麦肯齐将球场设在铁树灌木丛和含羞草之间，营造出极富战略性的布局，其特意挖成的扇形沙坑与精心修剪且高低起伏的球洞区交错编织在一起，形成了前所未有的一大特色。

（八）柏树点高尔夫球场

这个高尔夫球场可以说是世界上最大的十佳高尔夫球场排行中最美丽的一个。他建立在广袤的太平洋中央的沙丘上，远远望去，一望无际的湛蓝中有一抹鹅黄，无论球打得怎么样，视觉上总归是好的。

（九）苏格兰莫里菲尔德球场

苏格兰莫里菲尔德球场在历史上有两次设计，最初的一次开始于 1990 年，第二次设计发生在 25 年之后，第二次的设计一定程度上也是借鉴了第一次的经验。奇特的设计也使得人们对它的好奇心更强。

（十）美国辛纳克山高尔夫俱乐部

这是一个非常有名的高尔夫球场地，这里的地形不如上一个这么平坦，它的地形更像是一个丘陵，一个山头连着一个山头。如果你在这种地形下还能打得格外优秀，那么你的心里一定会得到极大满足。

二、中国著名高尔夫球场

（一）上海佘山国际高尔夫俱乐部

佘山国际高尔夫俱乐部位于上海市松江区佘山国家旅游度假区内，是一个以高尔夫运动为主题的综合度假项目,提供私属运动休闲、度假居住体验与服务,是私人会员制球会,也是高端居住社区。

这里还是"世锦赛——汇丰冠军赛"的诞生地,该赛事已成功举办 12 届。2009 年此赛事升级为世锦赛,2013 年赛事纳入美国高尔夫职业巡回赛赛程。目前该赛事总奖金额已高达 975 万美金,赛事积分被包括美巡赛、欧巡赛在内的世界六大巡回赛所承认。

佘山国际高尔夫俱乐部开业以来屡获国际殊荣,更被美版《高尔夫大师》评为 2018—2019 年度世界百佳球场第 62 位。所承办的"世锦赛——汇丰冠军赛"更让佘山高尔夫为世界所瞩目,不仅推动了高尔夫运动在中国的发展,也为提升城市形象、促进区域发展做出了贡献。

(二)山钦湾高尔夫球场

山钦湾位于海南省万宁市北部,景色优美,怪石嶙峋,海风呼啸,海天一色。漫长的海滩一片银白,海水无人打扰地奔放涌向沙滩。海中丛礁饮浪醉海,千姿百态。还有燕鸟洞,幽然神秘。最为壮观的是九鲸石,令众多游人叫绝。海滩的坡度很大,于是海水卷上来翻起如雪的浪花,白得有些炫目。海天一色的无际海面侵占了所有视线,远远的渔民在收网,阳光砸在海面上,感觉叮叮当当的,溅起一片灿烂。湛蓝的天,肆意流淌的云,让人忍不住想跳起来拥抱这自然。

在山钦湾有一"久经石",是一个主体在海水中,主体延伸到岸上的礁石,形态很像一个烟斗。主礁很像烟斗的头部,中间有个能容纳 10 多人的洞。久经石以西是燕子洞,燕子洞是山钦湾气势最雄伟的礁石,从海平面到顶端约有 20 多米高,传说此处是成千上万燕子的居所,洞深、诡秘,深得探险者的青睐;岭头东边是雄伟的导航台。

2015 年,山钦湾球场入选既注重硬件条件,亦重视软件服务的"世界白金俱乐部百家球场"名单,排名第 22 位,在入选的亚洲俱乐部中排名第一。山钦湾球场是国内唯一一家入选世界百佳球场和世界白金俱乐部的球场。

(三)观澜湖集团

海南观澜湖高尔夫球会坐落于中国海南岛的万年火山岩地貌之上,该高尔夫度假区是这个热带度假天堂的瞩目亮点,提供多彩多姿、适合各方旅客的世界级休闲、康乐及养生配套,打造中国又一休闲旅游新地标。酒店共有 423 间宽敞舒适的客房、98 间尊尚套房及四间复式总统套房。所有客套房均设有观景阳台,饱览高尔夫球场及度假区的天然景致。充满情调、高雅的设计及优质的配套设施,为宾客带来最舒适的享受。

(四)春城湖畔高尔夫俱乐部

春城湖畔度假村位于昆明东南方向美丽的阳宗海湖畔。度假村拥有两座国际标准的 18 洞锦标高尔夫球场、5 个私人别墅住宅小区、1 个 5 星级会所和 73 间豪华客房,带沙坑和果岭的灯光练习场、康体健身俱乐部等设施。两座球场为山景球场和湖景球场,分别由国际著名设计师杰克·尼克劳斯及小罗伯特·琼斯设计。山景球场位于昆明阳宗海湖畔高坡上,既兼水岸风光开阔写意之灵境,更得山地景观幽静深邃之神韵。18 个精妙设计且风格迥异的球洞满足了各层次球员的需求,令球手们流连忘返。球场分别两次被全球业内最具权威的杂志美国《高尔夫文摘》评选为中国(含香港地区)十大最佳球场之首,历年来被《亚洲高尔夫月刊》《高尔夫杂志》评选为中国最佳高尔夫球场。湖景球场以其球道狭窄、沟壑纵横、湖风强劲、梯田状的果岭以及优美的水岸风光著称于世,被高尔夫球爱好者视为心目中最具挑战性的球场之一。

（五）神州高尔夫俱乐部

神州高尔夫球场位于深圳市福田区,是一个 36 洞的高尔夫球场,另设有五个练习球洞。该球场由国际著名的高尔夫球大师汤姆·韦斯科夫精心设计,将神州半岛从起伏的海岸沙丘到嶙峋的山间巨石的独特地理环境及迷人景致出神入化般融入设计中。球场亦拥有风格独特的天然沙坑,与周围环境完美融合,看起来似乎已经在此存在了多个世纪。汤姆·韦斯科夫坚信神州高尔夫球场必将成为无可争议的全球最佳高尔夫球场之一。这个令人惊叹的高尔夫球场,正好与世界级高尔夫学校和美妙绝伦的现代会所互相辉映,它犹如皇冠上最耀眼的宝石,毗邻壮丽海景,傍海设计重现了传世高尔夫设计经典。

拓展阅读

戴耀宗：可持续发展赋予中国高尔夫新机遇

（戴耀宗　GCMC 主任及常务理事、GEO OnCourse 中国咨询委员会主任）

新中国的高尔夫球运动始于 1984 年,成长到今日恰好是共和国 70 周年华诞一半的年岁,从呱呱落地、牙牙学语再到跌跌撞撞,为我国的改革开放和经济建设事业承担过历史使命,也走过一些弯路。

在公众眼中,高尔夫往往跟占用耕地、浪费水资源、污染环境、贵族运动等联系在一起,这些虽不完全真实,但也反映了高尔夫行业在成长路途中的一些迷失。高尔夫重视文化传承和个人修养,传承长达五个世纪的高尔夫传统,其精神可以概括为三个词:诚信、公平和尊重。

如果要说高尔夫是"贵族运动",毋宁说它是倡导做道德"贵族"的运动,而一个文明的社会需要很多道德与精神的"贵族"。

从尊重自然说起

高尔夫倡导尊重,要"ECO NOT EGO",放下小我,放下骄矜,保持自谦,尊重对手,尊重自然。在众多奥运项目中,高尔夫是少数在户外大自然中进行的运动项目。高尔夫球场是一个竞技场地,也是一个绿色空间、一片生物栖息地。

传统高尔夫球场的设计建造,一向注重对自然地貌和本地物种、气候的尊重,在优化环境的同时赋予它运动功能。随着现代工程技术的进步,一些球场在建造过程中表现出一种狂妄的控制自然的倾向,这种倾向违背了高尔夫的理念,高消耗的建造和经营方式从长远来说也不可持续。

2019 年 8 月 10 日发布的《体育强国建设纲要》中提出"合理做好城乡空间二次利用,积极推广多功能、季节性、可移动、可拆卸、绿色环保的健身设施"。这个理念与当前我们倡导的低耗水、低成本、保护生态、改善环境的"生态友好型高尔夫球场"不谋而合。

建造"生态友好型高尔夫球场"是对土地改造程度最小的利用方式之一,在有些地方甚至能起到修复生态环境的作用,不但可以提升人居环境,让绿地产生经济价值,创造就业机会,并且,一片开放性的绿色空间还可以进行多元化的利用,让社会大众都有机会参与其中。可以说,从经济、环境和社会三方面衡量,它都将助力体育强国建设。

以榆林沙漠高尔夫球场为例,球场建在毛乌素沙漠的边缘,在设计建造及经营中充分尊重了当地的地形、气候、植被与民俗文化,球场灌溉用水全部来自周边煤矿开采过程中产生的疏干水,建成后,原区域的植被覆盖率从不到 20% 提升到了 90%,不单把防风固沙的前线往北又推进了一步、给野生动物修复了一片栖息地,还为周边居民创造了就业机会,更为当地打造了一个环境优美的城市会客厅。

公平、包容是高尔夫所倡导的

高尔夫倡导公平,是一项极具包容性的体育运动。不论老人、幼童、男性、女性,甚或是身有残疾的人士,绝大多数情况下都能享受高尔夫运动的乐趣并且找到办法与他人公平竞技,这一特点使得高尔夫特别适宜于增进人与人之间的连接。

现在,高尔夫行业越来越多地倡导将球场进行多元化利用,让高尔夫为全民健康与福祉做贡献,让不打高尔夫的社区居民也能享受球场优美的自然环境和清新干净的空气。

比如,佛山高尔夫球会每年开展的绿色健步行活动、高尔夫进校园和高尔夫电影之夜等活动,都是在以一种家庭共乐的形式鼓励社区居民走到户外参与体育运动,高尔夫球会也由此逐渐成为社区联动的枢纽。

诚信、自律是高尔夫的核心

高尔夫倡导诚信,球员即是自己的裁判,诚信和自律是高尔夫运动的核心。现在,我们把这一核心应用到了行业自律中。近年来国内越来越多的球场开始关注 GEO(高尔夫环境组织基金会)高尔夫可持续发展认证,GEO Certified 是世界领先的高尔夫可持续发展认证标签。GEO 开发的 OnCourse(即高尔夫可持续发展指导程序)涵盖自然、资源及社区三大版块的 141 个项目,这些项目又可分别回溯至《联合国 2030 可持续发展议程》中的 17 个目标。

目前,全球已经有来自 75 个国家的 15 000 个球场加入了 OnCourse 计划。在中国,GEO 与 GCMC(高尔夫俱乐部经理人委员会)合作发布 OnCourse 中文版不到一年的时间里,已经有 24 家国内球场加入了 OnCourse,自愿履行保育自然、节约资源以及支持社区的承诺,同时自愿参与行业可持续发展数据的采集,希望逐渐建立起中国的高尔夫可持续发展行业标准,并与国际接轨,通过对比发现自身与国际水平的差距,找到突破行业瓶颈的"金钥匙",让行业自律和自我监督成为中国高尔夫健康可持续发展的保障。

对高尔夫而言,可持续发展是古老的高尔夫精神在新时代的演变,也是时代赋予新中国高尔夫的新机遇。高尔夫不单是一项竞技,也是公民个人修养提升和文化传承的途径,它彰显了一座城市和一个国家的软实力,而这些都终将服务于我国未来的可持续发展事业。

资料来源:《可持续发展经济导刊》2019 年第 10 期。

 思考题

1. 高尔夫俱乐部主要包括哪些区域?
2. 高尔夫球场区域的主要设置与功能是什么?
3. 高尔夫设置长草区主要有哪几个方面的目的?
4. 高尔夫球场沙坑的主要功能是什么?
5. 不同类型高尔夫果岭的功能与特点的区别是什么?
6. 高尔夫球场按照地形与经营性质有哪些分类?

第四章 高尔夫装备

高尔夫运动装备的变革使得击球距离越来越远,对球场的判断越来越准确,击球成绩越来越好。本章主要内容包括高尔夫球的演变过程与特性、高尔夫球杆分类与作用、高尔夫服装礼仪以及其他的高尔夫装备,同时介绍部分著名高尔夫品牌。

第一节 高尔夫球

一、高尔夫球的演变与改进

高尔夫球从原来的圆形或者椭圆形的小石头开始,演变成有工匠专门手工雕琢的木球、羽毛制球、古塔胶球、哈斯克尔球、巴拉塔胶球,到现在的多层球。经过几个世纪的发展,在科技高度发展的今天,高尔夫球用新型固体材质做芯,橡胶做外壳,并且随着科技的进步,高尔夫球蕴含的科技与专利越来越多(图4-1高尔夫球的演变)。

图4-1 高尔夫球的演变

(一) 木球时代

有高尔夫历史研究者认为,最早制作的高尔夫球是用山毛榉木雕琢而成,这类树木盛产于欧洲中西部。

(二) 羽毛制球时代

羽毛制高尔夫球是最早有文字记载的高尔夫球,这种球的外皮是由几片真皮(马皮或者牛皮）缝合而成,在制作时将烹煮过的湿的羽毛填充进半球内,再将两个半球缝接。缝合后,球皮会干缩,球体略变小。这种球,只有经过精工巧匠之手缝合,才会达到较好的圆度。由于一个工匠一天只能缝制几个球,因此价格昂贵,有时贵过一支球杆。羽毛制高尔夫球在 17 世纪面世,历经了大约 200 年的过程,一直使用到 19 世纪中叶。有人使用这种球,在圣安德鲁斯老球场打出过 87 杆的成绩。但这种羽毛制高尔夫球,在下雨天会变软,因而大约在 1840 年时,人们开始使用一种橡胶制球。

（三）古塔胶球时代

1848 年,古塔胶球诞生,逐渐取代了羽毛制球,古塔胶球的主要材质是由古塔树胶提炼而成的,这种物质极具弹性,在制球过程中易于被压制成球状,冷却后质地坚硬。古塔胶球的制作成本大大低于羽毛制球,可以使更多的人打得起高尔夫球,同时也带来了高尔夫球运动的突破性发展。

古塔胶球在生产及改进过程中开始注重标准化,所产生的球在尺寸和重量等方面都逐步形成了统一的规范。古塔胶球还有再生的优点,一旦球变形或破裂,可经过熔化恢复原形,令破损球起死回生。有些高尔夫球手经过实践得出结论:"再生球有时比完全光滑平实的原球具有更好的飞行性能。"根据圣安德鲁斯老球场保存的史料记载,罗伯逊(Allan Robertson) 1858 年用这种古塔胶球曾打出过 79 杆的佳绩。当时的古塔胶球重约 1.3 ~ 1.5 盎司(注: 1 盎司 =28.349 克),比今天的高尔夫球略轻。球面带小突起(pimples)的球,被称为"欧洲墨莓" (bramble)。

（四）哈斯克尔球

1900 年前夕,一种新球取代了已流行多年的硬橡胶古塔胶球。这种新球的优点非常突出,比以前的球可以多飞 20 米远,而且容易控制。这种球是柯本·哈斯克尔(Coburn Haskell) 于 1898 年在参观美国一间橡胶厂受到启发后决定制造的一种橡胶核心球,即使用薄薄的胶皮来缠绕出一个有小突起外衣的胶球。随后,哈斯克尔研制成功并申报了专利,这就是哈斯克尔球。这种结构的高尔夫球之后流行了很多年,直到 1972 年,哈斯克尔球才逐渐被结构设计更新的"双层结构球"淘汰掉。

在哈斯克尔之后,人们又不断地进行各种试验以改进高尔夫球的结构。原有的球面小突起会造成将球打偏,更新的球以球表面凹痕(dimples)代替小突起,不仅可以保持良好的空气动力学特性,还可以使球的飞行更精准。专家们在风洞中检验这种球的空气动力学性能,其原则类似检验一架飞机的机翼。高尔夫球手在击球时,每个球都获得一种向后的旋转力,也就是"倒旋",这与这些凹痕密切相关,也就是今天我们所说的"凹点"。今天的标准高尔夫球,均采用表面凹痕型,虽然品牌各异,球的直径和深度略有不同,但差别极微小。有些厂家在推出自己的新技术、新产品时,往往特别强调这种差异导致的不同飞行性能,以及会对球手们的成绩造成的深刻影响。

（五）巴拉塔胶球

巴拉塔树是一种原生于南美洲北部、中美洲和加勒比海等广大热带区域的树木,有时又被称为巴西牛木。巴拉塔树的树汁可以制成乳胶,乳胶干燥之后可以形成类似橡胶的弹性物质,这种物质被称为巴拉塔胶。1903 年,美国著名的斯伯丁(Spalding)运动器材公司从热带的巴拉塔树里提炼出了巴拉塔胶(Balata),发现其比古塔胶皮更耐用,可以取代古塔胶皮来制造表皮材料。到 20 世纪 20 年代,更加耐磨的巴拉塔树胶球基本上取代了古塔树胶球。1930 年,斯伯丁公司开发了一款名为 Kro‑Flite 的巴拉塔胶高尔夫球。该球采用了液体球核芯,弹性复原系数更高,球与杆面间的作用力容易增加到比普通球更高的值,飞行距离更远。一般职业球手喜爱这种高硬度球,普通球手更乐于使用触感更柔和的高尔夫球。

(六) 多层球的发展

1968 年,美国杜邦公司发明了 Surlyn(舍林,也译作“沙林”),一种比巴拉塔胶更硬的塑胶,可以用这种材质来做高尔夫球的表皮。用巴拉塔胶制造表层的高尔夫球虽然有比较高的旋转速度,但是一般其飞行距离不会超过用杜邦舍林树制造表皮的高尔夫球。1972 年,一种“双层结构球”开始取代橡胶实心球,由橡胶内核和舍林外壳构成。1974 年,李·特维诺(Lee Trevino)用一款叫 Faultless Omega 的球赢了 PGA 锦标赛,这是两层式舍林表皮的实心球第一次在职业比赛中赢得胜利。在之后的高尔夫球发展演变中,又陆续出现了三层、四层,甚至五层的高尔夫球。多层结构的高尔夫球具有速度佳、旋转好、飞行稳、控制性强的特征。一般说来,球的层数越多,越软,击出的距离越不远,但好控制,也更贵,对高手来说非常得心应手;反之,球的层数越少,越硬,击出的距离会越远,但不好控制,较便宜,适合初学者(见图 4‑2)。

图 4‑2　高尔夫球的层次

二、高尔夫球的构造原理

(一) 高尔夫球结构

高尔夫球是一个质地坚硬、富有弹性、用橡胶制成的实心的白色小球,也有用于冬天雪地击球的红色、黄色或者因个人爱好而特制的其他颜色的彩球。现在的高尔夫球,大致分为缠胶丝高尔夫球和实心高尔夫球。实心高尔夫球,又分为高回弹性硬质胶一体成形制造的单层结构式和在硬质胶上覆盖离子键聚合物的双层结构式。现在的双层结构和缠胶丝结构两种高尔夫球,在性能方面的差异已经很小。可以预想,以往提出的飞行性、可控制性、击球感和耐久性等标准的高性能球仍是今后的主要研讨问题。这种高性能的球早日研制成功,是高尔夫人的最大愿望。制造高尔夫球,除了材料和工艺以外,最重要的是如何制定标准使球手使用高尔夫球公平竞赛。1921 年,圣安德鲁斯皇家古老高尔夫俱乐部(R&A)最早制定了高尔夫球标准。该标准规定了球的直径、重量、初速度、总飞行距离和飞行对称性五项指标。该标准规定,高尔夫球杆可由球手任意选择,没有具体考虑因球杆的差异造成的不合理,而只通过限制过分飞行和有意弯曲以期待公平。1931—1987 年,由美国高尔夫球协会(USGA)制定的大规格球的标准和由 R&A 制定的小规格及大规格球的标准同时采用,即所谓二种体系直径球的标准延续使用。1988 年,R&A 对大规格球制定了统一标准,而后经过 1988—1989 年的迟缓期,于 1990 年制定了世界统一的大规格高尔夫球标准。此外,USCA 和 R&A 按同一标准经营高尔夫球,USCA 负责推销的范围为北美大陆,R&A 负责推销的范围为北美大陆之外的世界各国(见表 4‑1)。

表4-1 现代高尔夫球标准

项　目	标　准
重量	球的重量不得超过1.620盎司常衡(43.93克)
尺寸	球的直径不得小于1.680英寸(4.267厘米)。任意取出100个球,在温度为23±1℃的条件下进行测试,若以自重通过直径为1.680英寸(4.267厘米)的环形量规后的球在25个以下,即为符合该规格标准
球体的对称性	球不得被设计、制造或有意更改为具有不同于球体上对称的球的特性
初速度	用圣安德鲁斯皇家古老高尔夫球俱乐部认可的装置测定时,球的初速度不得大于规格的限制(按照有关文件测试)
总和距离标准	使用圣安德鲁斯皇家古老高尔夫球俱乐部认可的装置进行测定时,球的飞行和滚动的平均总和距离不得超过圣安德鲁斯皇家古老高尔夫球俱乐部的高尔夫球总和距离标准文件规定的距离

(二)高尔夫球外形

1. 球的外形

球一定是圆的,并且表面有意制造了许多的凹点。这些凹点大小不一样,一般球上有400个凹点左右。

2. 球的凹点

现代高尔夫球的凹点,是通过长期发展设计而来的。从15世纪的圆球到19世纪的羽毛圆球、马来胶圆球,凹点在球员眼中只是一闪而过。到19世纪末,人们开始注意到有些损伤的球比新球飞得更远、更直。这时球员开始使用尖头锤子在球的表面敲出一些图案来。直到1905年,威廉姆·泰勒(William Taylor)发明出第一款空气动力学的高级回点球,这就是今天高尔夫球的基础。当球被击中的那一刹那,就决定了球速、起飞角、倒旋和方向;之后,球如何穿过空气就取决于它本身降低阻力的能力了;凹点的作用就是减少空气的阻力以及提供升力,让高尔夫球飞得更远。一颗表面平滑的高尔夫球,经职业选手击出后,飞行距离大约只是表面布满凹点的球的一半。曾经有人试过,打光滑的球只能飞65米远,有凹痕的球可打出275米远。可见,凹点的作用不可忽视。另外一个让球保持在空中时间长的要素就是旋转,多为倒旋。倒旋让球周围的空气变形,使高气压位于球下、低气压位于球上,从而迫使球一直向上冲。但值得注意的是,凹点的形状、大小、密度和深度对产生倒旋的程度有很大影响,而且凹点增加倒旋的同时也增加了可能导致大右曲或大左曲的侧旋。

3. 高尔夫球的分类

从结构上,高尔夫球可以分为单层球、双层球、三层球、多壳球(见表4-2)。

表4-2 不同结构高尔夫球的特点

单层球 (One-Piece-Ball)	这种球也可以叫作一体球或一件头球,一般仅用于练习或用于练习场(Driving Range),球体由硬橡胶压制而成,并且涂漆
双层球 (Two-Piece-Ball)	这种球也叫作双体球或两件头球,是最常用的球。球心外面为硬橡胶或塑料,或者是其混合物(配方通常保密)制成外壳,厚度约为1毫米 由于外壳质地不同,成分不同,坚固性与抵抗力(Durability)不同,硬度不同,颜色以及凹痕不同,就产生了不同的特性与效能,表现在击球的高度、远度与滚动性等方面

（续表）

双层球 （Two-Piece-Ball）	从球的结构本身并不能推断出其功能如何。双层球，即由一个大的球心和一个相对来说较薄的外壳组成的球，过去被称为"远距离球"（Distance Balls）；球的飞行距离较长，因为它倒回旋较少，速度较高，球手击球时有硬实的击球感。运用先进的工艺手段，现在已可以制造出这种效能较高的比赛用球，这种球较软，旋转快
三层球 （Three-Piece-Ball）	三层球也可以叫作三件头球，只供水平较高的球手使用 在由橡胶或塑料或混合物做的，大约相当于榛子大小的球心外面包围着充满液体的胆，像线团状般缠绕薄橡皮条，外壳是橡胶制品巴拉塔（树胶）；高水平球手喜欢使用这种胶核液体球心，因为击球时可以找到感觉，容易控制；如果击球不准，也容易产生裂口和切痕 喜欢用三层球的都是一些比较注重球的旋转和喜欢软一些感觉的球手，因而他们宁肯不追求把球打出远距离。这种球的新的结构不再有这一缺点，球的飞行速度和抵抗力都有明显的提高。目前大多数具有最高旋转性和最佳击球感觉的球仍采用三层结构
多壳球	击球越有力，球越容易变形。多壳球就是根据这个道理设计和制造的，目的在于任何击球力度都能产生最佳结果。球心的设计是为了便于使用开球杆将球打得尽可能远；中间层适应铁杆大力击球；外壳适合获取最佳击球感觉以及半挥杆、切击球和推杆时的回旋球 最新设计的球在球心和外壳内开始渗进钛、钨和镁等金属粉末，在球体中附加这类金属是为了加强其强度、改变球体内的重量分布

4. 旋转球与远距离球的特点

旋转球与远距离球的特点见表 4-3。

表 4-3 不同性能高尔夫球的特点

旋转球	为增强旋转设计，这类球往往有三层结构。一个被橡胶纤维环绕的中心球核（旋转度最高的球中的液体），往往外面覆盖一种细薄而柔软的材料，这种材料称为树脂皮 这类球旋转度更高，从而更容易打出左曲球或右曲球，并且能抓住球洞区；它们的手感较为柔软，但飞行距离不如远距离球 这类球中价格较为低廉的型号具有一定的耐用性；它们的球壳一般由 Surlyn（一种耐用的合成材料）或 Surlyn 混合材料制成，它们大多是双层而不是三层结构，而且是实心的
远距离球	由更坚硬、更耐用的球壳和实球心组成，大多数为双层结构。远距离球的内部是一种坚硬的合成材料，球壳核球心的组合硬度使球能飞行更长的距离，而且非常耐用。但这些球的旋转度不会很大 在某些情况下，旋转度较低意味着控球性能和停球稳定性较低。这类球的手感比缠绕结构的更硬

5. 不同硬度的高尔夫球的特点与适合的人群

表 4-4 不同硬度高尔夫球的特点

球的硬度	标记和数字代表颜色	特点与适合人群
90—105	黑色/红色	高尔夫球本身有不同的硬度，数字越大球越硬，选择球的硬度的依据是击球者的挥杆力量和挥杆技术动作形态。一般来说，优秀职业球手选择硬度 90~105 的球，大部分选手使用硬度 105（超硬）、100（次硬）和 95（中硬）

（续表）

球的硬度	标记和数字代表颜色	特点与适合人群
80—90	红色/绿色	一般水平的中青年选手可以选择这一区间硬度的球来使用，较容易打出自己所需要的球。由于球的硬度与距离成正比，一般选手选择太硬的球不容易掌握方向，因为硬度高，杆头接触球的时间变短，容易将球打飞打偏
70		适合初学者和高差点球手选用。其实，对于球的硬度的选择并无严格界限，球手可以从自身的年龄、体力、技术状况以及目的性做出不同选择 同一品牌不同硬度，在适度方面无甚差别，只是击球感觉不同罢了

第二节　高尔夫球杆

中世纪时人们所用的球杆不过是一些弯曲的棍子。如今这些弯曲的棍子已经演变成一套经过精细打磨的器具，以用来应付那些不断变化的挑战。这些挑战来自广阔场地中隐藏的沙坑、水塘以及草丛。最早的一套与现代高尔夫球杆相类似的球杆，也许是被苏格兰国王詹姆斯于1502年买走了。尽管国王的球艺无从知晓，但是用榛木和白蜡木做成的球杆是非常受欢迎的（见图4-3）。到了19世纪中叶，原先那种内装羽毛、由手工缝制而成的高尔夫球，已被用杜仲胶做球芯的高尔夫球所取代，它有足够的硬度来承受铁头球杆的撞击。1860年，球杆制造商学会了用美洲核桃木来制作球杆，这样的球杆既结实，又有韧性。到20世纪初，钢取代了核桃木。钢中加入石墨可使钢的韧性增加，钢成为球杆设计中最常采用的原材料。

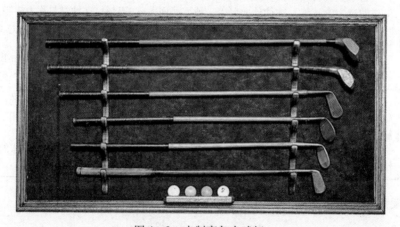

图4-3　木制高尔夫球杆

新材料与科技研究新成果不断推动球杆的改造与更新。20世纪初铁杆正式上市。1912年，第一批无接缝铁杆在英格兰问世。到了20世纪20年代，类别与模式已很齐全的铁杆已在美国行销。钢材的材质优点使其无可置疑地在球杆制造业站稳脚跟，进而促使批量生产的高尔夫工业形成。除了不锈钢材质外，20世纪下半叶开发出了碳纤维及硼纤维这些新材质。不锈钢价格不算高，弹性小，但扭力较好；碳纤维和硼纤维的特性正好与不锈钢相反，但重量较轻,外观质感也好,进而价值感也很突出。由于后两者材质的球杆重量较轻,适合于女性高尔夫球手和中年以上的打球者使用。当然,越来越多的男球手也使用它们,因为可以将力道用在挥持时的杆头上,从而达到增加击球距离的目的。

现在高尔夫球坛掀起了一股"钛合金热",争相购买和使用钛合金球杆。钛合金原来常见于航天工业,生产"爱国者"导弹上钛金属的美国鲁格公司(Ruger)就提供这种材质。这种高级材质的稳定性十分重要。导弹要飞得远,飞行路线直,除了依赖其动力外,导弹表面材质作用很大。使用钛合金制成的木杆,其稳定性和弹性俱佳,令小白球被击得又直又远。钛合金杆的出现,使挥杆一族如获至宝,而高级职业选手也有了夺取比赛胜利的利器。

时代变迁,制作材料不断发展,高尔夫球杆始终由杆头、杆身、杆把三部分组成。杆头是实际击球的部位。现代高尔夫球杆分成不同的号码,号码越大,杆身越短,杆头倾斜角度越大,击球越高,打出的距离相对较短。在高尔夫球比赛中,按照规定每名球员被允许最多可以带14支杆上场,这些球杆各不相同,击球的效果也不同,适合的高度和距离也不一样,球手可根据将球击远、击近、击高的不同需要分别使用不同倾斜度的球杆(见图4-4)。

图 4-4　现代球杆与球包

一、木杆

木杆是高尔夫球员袋中最长的球杆,因传统木杆顶端击球部位为木制而得名(见图4-5)。主要用于开球,木杆按长度分为1、3、5号,击远距离球通常使用木杆。木杆的特点是杆身长,杆头较轻,便于挥杆。1号木杆最长,杆面与地面垂线的角度最小,击球距离最远,一般在发球时使用;木杆根据距离和球所在的位置加以选用。木制杆头由于柿子树木材的减少而日益珍贵,因而金属材料杆头逐渐取而代之。由于碳铁、钛金属具有材质轻、硬度高的特性,故逐渐流行于市场。一般来说,木制杆头的击球甜蜜点较小,可加强对球的控制,精确度高,击球距离较近,但易产生误击;而金属杆头的木杆,其重量分布较木质木杆更靠近边缘,而且有较大的甜蜜点,因此它不易出现误击。

二、铁杆

铁杆一般有8~10根,其中除4~9号铁杆外,还有一根用于近距离劈起击球的劈起杆(P)、一根用于沙坑中击球的沙坑杆(S)和一根用于果岭上推球的推杆。铁杆的特性是易于保持击球的方向性和落点准确。铁杆击球部位用软铁制造,其底部比木杆底部要小,也不像木杆那样厚、长度短。加之铁杆重量较重,因此挥杆如割草,挥杆角度更佳,更易将草皮掀起。打高尔夫球主要靠使用长短不一的球杆控制击球距离和高度(见图4-6)。

图 4-5　木杆

图 4-6　铁杆组

2、3、4 号铁杆称为长铁杆,杆长且重,击球距离远,不易掌握。5、6、7 号铁杆称为中铁杆,击球较高,球落地后尚能滚动一段距离。8、9 号铁杆为短铁杆,常在近距离和不易击球的球位上及深草中使用。1 号铁杆一般很少采用。铁杆制造分锻造和铸造两种,优秀职业球手一般喜欢选用手工锻造的杆面球杆,而铸造铁杆则按"周边加重"原理在外缘加重以有较大的甜蜜点,初学者应选择此类铁杆。

1. 劈起杆(P)

杆头与地面角度较大,主要用于果岭周围。在地形条件复杂或球与球洞之间有沙坑、水面障碍或树木等障碍时,用此杆可将球高高打起,使球能够越过障碍落在果岭上。此杆也常常用来打击90米以内的近距离弹道球。

2. 沙坑杆(S)

杆头与地面角度最大,杆头底面重,杆面底缘锋锐,以便将球杆头切入沙内,将力量通过沙传递给球,使球飞起。主要用来打果岭附近沙坑内的球,也用来将深掩在高草区中的球打上果岭,或将位置较果岭低很多的球打上果岭。

三、推杆

推杆是在果岭上推球入洞的专用球杆(见图4-7)。当球打上果岭后或离球洞较近、地面较平整时,球手用推杆击球入洞。推杆杆身较短,杆面倾角最大不超过6°,其形状与材质也多种多样。

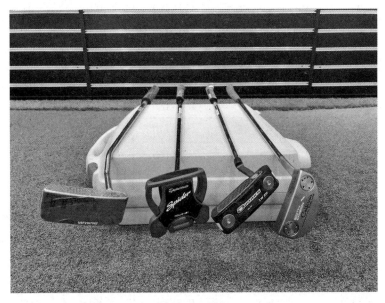

图4-7　推杆

四、铁木杆(混合杆)

这是随着球杆制造技术的发展,近年来涌现出的一种新型球杆。铁木杆混合了铁杆和木杆的特性,比木杆更容易掌握,击球也更为精准,是很多业余和职业球手的选择。

一套球杆中不同的球杆具有相对不同的性能与作用(见表4-5)。对初学者来说,可以不必配齐所有球杆,只要有半套球杆就足够了。一般可选用1、3号木杆,3、5、7、9号铁杆,劈起杆、沙坑杆和推杆。具体需要哪些球杆组合成套,全由自己根据自身情况决定。1938年1月1日,美国高尔夫球协会宣布:一套球杆组合的最大限度为14支球杆,1939年苏格兰的皇家古代高尔夫球俱乐部也确定上场球杆不得超过14支。全部14支球杆为一套球杆,一般为4根木杆、7根铁杆、劈起杆、沙坑杆和推杆。

正确选择一套适合自己的高尔夫球杆是打好高尔夫球的必要条件,高尔夫球杆的性能主要和球杆杆身的类型与硬度有很大的关系,每一支球杆的杆身上都有对应的颜色与代表符号。以下是选择一支适合自己的球杆需要了解的参数(见表4-6)。

表 4-5 不同球杆的性能

	简　写	球杆名称	业余男子距离（码）	球杆长度（英寸）	杆面斜度	杆身斜度（°）
木杆	W1	Driver	200~250	43.5~47	9~11.5	55
	W2	Brassie	190~220	43	12~13	55.5
	W3	Spoon	180~210	42.5	15	56
	W4	Baffy	170~200	42	18~19	56.5
	W5	Cleek	160~190	42.5	21	57
	W7	Heaven	150~170	41.5	24	58
	W9	Divine Nine	140~160	40.5	28	59
	W11	Ely Would	130~150	39.5	32	60
铁杆（含挖起杆）	I1	Driving Iron	190~210	39.5	16	55
	I2	Mid Iron	170~200	39	19	56
	I3	Mid Mashie	160~180	38.5	22	57
	I4	Mashie Iron	150~170	38	26	58
	I5	Mashie	140~160	37.5	30	59
	I6	Spade Mashie	130~150	37	34	60
	I7	Mashie Niblick	120~140	36.5	38	61
	I8	Ditching Niblick	110~130	36	42	62
	I9	Niblick	100~120	35.5	46	63
	I10(PW)	Pitching Wedge	110 以内	35.5	50	64
	S(SW)	Sand Wedge	90 以内	35	55	64
	I11(F)	Second Wedge	80 以内	35	54~64	64
	A	Chipper	50 以内	34.5	20~35	65
推杆		Putter	30 以内	多样化	3~6	多样化

注：1 码 = 0.914 4；1 英寸 = 2.54 厘米。

表 4-6 高尔夫球杆硬度表

硬　　度	代表符号	代表颜色	适 应 球 手
特硬	X	绿	身体高大、力量大的职业球手
硬	S 或 F	红	职业球手、力量大的男球手
普通	R 或 T	黑	一般男球手、女职业球手
软	A	黄	老年男球手、较大力量女球手
特软	L	蓝	一般女球手

第三节 高尔夫服饰

一、高尔夫着装

高尔夫球运动不仅是一项体育运动,而且也是一种高雅的社交活动。早期属于皇家贵族的游戏,打球者的着装是燕尾服,长筒靴。随着服装设计的发展,兼顾高雅时尚同时要适合运动,便逐渐形成了现代高尔夫球运动着装的基本守则,如有领的上衣,休闲的裤子,鲜艳的高尔夫着装点缀着绿色的高尔夫球场,显得格外漂亮(见图4-8)。如今在北京、上海、山东等地高尔夫收藏协会组建了古董杆俱乐部,采用古董式的球场与复古的着装,白衬衣、灯笼裤、鸭舌帽成为他们的标配(见图4-9)。切记禁止穿背心、圆领 T 恤、牛仔裤等不符合高尔夫礼仪的着装进入高尔夫会所与高尔夫球场打球。

图4-8 现代高尔夫着装

图4-9 复古高尔夫着装

二、高尔夫鞋

高尔夫球鞋用皮革制成,鞋底上带有鞋钉或小的橡胶头,穿这种鞋打球主要有以下作用:① 有利于站位的稳定性,有利于保持身体平衡;② 高尔夫鞋底钉子扎出的洞,有利于草根部通过洞穴呼吸空气,起到保护草皮的作用(见图4-10)。

图4-10 高尔夫球鞋

三、高尔夫手套

高尔夫手套是高尔夫球员必备用品之一,古老的高尔夫手套是用质地柔软的小羊皮制作而成,如今采用不同的皮革与布料制作。打高尔夫球戴手套的主要目的是防滑,帮助打球者更好地握紧球杆,按照打球者的习惯大部分是用左手握杆,由此,一般只销售左手手套,特别需要的时候也可以购买一双手套(见图4-11)。

图4-11　高尔夫手套　　　　图4-12　高尔夫帽子

四、高尔夫球帽

高尔夫是一项可以戴帽子进行的运动,最主要的原因包括:

(1)保护身体健康:由于标准的一场高尔夫运动持续4.5小时左右,长时间在阳光下户外运动,高尔夫帽子能起到很好的保护身体作用。

(2)集中注意力:高尔夫球帽让打球者更专注击球区域,免受其他干扰。

(3)商业价值:近些年高尔夫商业化后,高尔夫球帽是最佳的广告位置,部分广告商为著名球员特别定制属于球员本人的专属球帽。

(4)休闲与时尚:如今高尔夫赛场上出现各种款式、类型的时尚高尔夫球帽,让高尔夫球员在展现球技的同时吸引更多的眼球,为外表加分(见图4-12)。

五、高尔夫伞

在高尔夫球比赛中,一把大的高尔夫球伞不仅可以遮风挡雨还可以防晒,它也是必备用品之一,在打雷或闪电天气时,使用玻璃纤维伞相对比较安全,而且比较结实和轻巧(见图4-13)。

六、雨衣与雨裤

高尔夫雨衣和雨裤由轻便耐用的合成纤维制成,必须轻便、宽松,既能吸汗,又能防水。

图4-13　高尔夫伞

第四节　其他装备

一、高尔夫球包

高尔夫球包是装球杆的袋子,可装得下全套的球杆和其他必需装备,如衣服、球座、球、球鞋、雨伞、毛巾等用品,球手可扛在肩上或将其放在推车上到处走动。球手要根据自己的身高、

体重、球杆数进行选购。此处,球杆袋里常携带的小物品还包括标记、记分卡、铅笔、清球器
(见图 4 - 14)。

图 4 - 14 高尔夫球包   图 4 - 15 高尔夫球座

二、高尔夫球座

球座也可以称为 TEE,是在发球台开球时架球的物品。早期是一堆沙子,现在使用的是木
质或塑料的锥状的支球架。在发球台开球时,把球垫到适当的高度,更易于击球,也能更好地
保护发球杆。球座一般分为长、中、短三种规格与类型,职业球员一般选用木质球座,击球效果
好,但它较容易损坏,初学者一般用塑料球座,比较结实耐用(见图 4 - 15)。

三、手拉车

手拉车是用于自主打球时拉球包的车子,一般负重量约为 15 千克。高尔夫球手拉车必须
坚固、轻盈且具备大轮轴,以适应球场上崎岖不平的道路。随着科技的发展,新式的手拉车也
使用上了电池驱动,其设计越来越能满足高尔夫爱好者的需求(见图 4 - 16)。

图 4 - 16 高尔夫手拉车

四、电瓶车

电瓶车是指用来搬运与携带高尔夫球包及个人物品的电瓶车。高尔夫球运动中,以车代步不仅可以节省球手体力,也能加快打球速度(见图 4 - 17)。

图 4 - 17　高尔夫电瓶车

五、高尔夫标记

高尔夫标记在高尔夫运动中统称为 mark,用来标定球的位置。《高尔夫球竞赛规则》规定,当球打上果岭时,可以将球拿起来擦拭,在拿起球前需要在球与球洞连线的后面做上标记,轮到你打球时,再把球放回原处,拿去标记进行击球(见图 4 - 18)。

六、果岭叉

果岭叉是修理果岭的工具。高尔夫球从远处击球落在果岭上时会在果岭上砸出一个凹痕,出于对果岭的保护、为他人着想的礼貌,需要打球者或者高尔夫球童及时修补果岭上的球痕(见图 4 - 19)。

图 4 - 18　高尔夫 mark

七、沙袋和沙子

在发球台或球道上,挥杆击球时把草皮击起属于正常现象。当打起草皮后,要把草皮拿回放置在被打坏的区域或者放上一些带草种的沙子,用脚踏平以利于草的再生长。自助打球时戴着有草种的沙袋修补球场也是高尔夫礼仪,如今这些工作大多是球童完成。

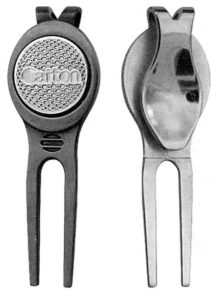

图 4-19　果岭叉

图 4-20　杆头套

八、杆头套

杆头套是为保护木杆与推杆杆头而用毛线、皮革等制成的袋状物,其装饰性与实用性越来越强,色调、材料、质地等也越来越多样化(见图 4-20)。

九、记分卡

记分卡主要是用来为打球者记录打球的成绩,记分卡通常提供球道的码数信息,有的记分卡还有广告图片,职业球员用的记分卡是更为专业的码数本(见图 4-21)。

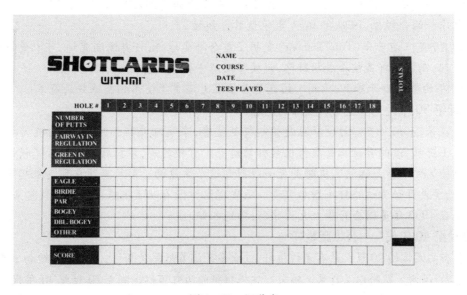

图 4-21　记分卡

十、测距仪

测距仪是用来测量站位地点与球杆之间距离的电子设备,在高尔夫爱好者中被广泛使用。如果是赛事中就要事先确定是否可以使用,一般职业赛事不可以使用测距仪(见图4-22)。

图4-22　测距仪

拓展阅读

高尔夫球具百年进化史

现代高尔夫球包中不仅装着打球设备,更装着科技的进步,在过去的100年间,球具设计师和制造商在不断创新,为不同水平的高尔夫球手制造球具,来提高球手们的水平。让我们开启时光通道,纵览百年球具的"蜕变史"。

20世纪20年代——钢制球杆

尽管早在19世纪90年代,苏格兰铁匠托马斯·霍斯伯格(Thomas Horsburgh)已经制造出了世界上第一个钢制球杆,但直到20世纪20年代才开始受到人们青睐。1924年USGA率先承认钢制球杆的合规性,1929年R&A也承认其合规性。

1929年,楚·坦普尔(True Temper)发明了首个渐变球杆,杆身逐渐变细,可以更好地适应杆头。早期,钢制的杆身被涂成胡桃色,以便帮助球手们慢慢适应。

1931年的美国公开赛上,比利·伯克是首位在大满贯上使用钢制球杆的冠军。

20世纪30年代——金·萨拉森的挖起杆

长久以来,人们一直以为萨拉森是挖起杆创造者,事实却并非如此,但他的确为挖起杆的改变做出了贡献,他的贡献正是现代挖起杆的前身。有趣的是,萨拉森是在和古灵精怪的百万富翁霍华德·休斯学习驾驶飞机时灵光一现想到这个主意的。萨拉森注意到飞机起飞时机尾向下移动,于是开始尝试给杆头增加重量。他发现这样做有助于把球从沙子中救起来,而这个发现让他在1932年美国公开赛上大放异彩,捧冠而归。

20世纪40年代——公牛眼推杆

这是当之无愧的20世纪最有名的推杆,被众多大满贯冠军使用过,其中包括鲍勃·查尔斯、约翰·米勒、汤姆·凯特以及科里·帕文。这根推杆的历史可以追溯至20世纪40年代,当时约翰·鲁特,一位来自亚利桑那州凤凰城的职业教练提出了设计"像钟摆一般的"推杆的概念。

于是,首批推杆"Sweet Strokers"经过改进后被赋予一个新名字:"公牛眼"(BULLS EYE)。

20 世纪 50 年代——麦格雷戈 Tourney 铁杆

麦格雷戈是 20 世纪中期的明星球具,它的 Tourney 铁杆被很多大满贯冠军使用过,其中就包括大名鼎鼎的杰克·尼克劳斯。Tourney MT 于 1950 年推出,当时的麦格雷戈主席亨利·考恩是这样说的:"它们更紧凑,使用便捷,一般球手也能轻松驾驭。"球杆的重量都集中在最有利的位置——杆头的背面,击球点的正后方。这一点,与现代球杆极其相似。

20 世纪 60 年代——Ping Anser 推杆

Anser 推杆的理念源于卡斯滕·索尔海姆的灵光一闪。由于是灵机一动的闪现,他立刻在一张唱片的封面上画出了设计草图。而 Anser 这个名字则是来自卡斯滕的妻子路易丝,她认为这是推杆的"答案"(Answer)。由于杆头空间有限,因此 Answer 中的字母"w"被省略了,变为 Anser。由于外围重量增加、背部空心和重心较低,这款推杆在设计上树立了新的标准。此后,Ping 持续完善和创新 Anser。弗雷德·卡彭思、赛弗·宝斯特罗以及马克·奥梅拉都在大满贯上用它取得成功。

20 世纪 70 年代——泰勒梅"匹兹堡柿木"1 号木

过去,球具制造商们曾尝试过金属杆头,但直到 1979 年才有了突破。球杆制造商加里·亚当斯(Gary Adams)发明了一款 12 度不锈钢铸 1 号木,并将之命名为"泰勒梅",绰号"匹兹堡柿木"(Pittsburgh Persimmon)。职业球手们很快就接受了这支球杆,1981 年,罗恩·斯特雷克(Ron Streck)成为第一个使用"匹兹堡柿木"赢得冠军的人。从那时起,金属 1 号木就变得越来越受欢迎,最终完全取代木制的 1 号木。

20 世纪 80 年代——Ping Eye 第二代铁杆

1978 年,Ping 推出第一支 EYE 铁杆,其特点是在杆头设置凹陷的眼睛形状,改善使用手感。四年后,Ping 进行升级,推出了第二代 EYE 铁杆。经过 20 世纪 80 年代的发展,这些球杆确立了背凹铁杆的设计标准。

20 世纪 90 年代——卡拉威大伯莎 1 号木

虽然之前钛已经被其他球具制造商用于球具实验,但卡拉威创造性地将其用在前部和中心部位,制造了其标志性产品——大伯莎(Great Big Bertha)1 号木。由于杆头巨大,杆面有力,钛材料很快就颠覆了 1 号木的行业面貌。正是因为钛,1 号木从球包里最难的球杆逆袭为最容易使用的球杆。

千禧年——Titleist Pro V1 高尔夫球

千禧年前夕,Titleist 已经试验了大量多部件球的原型。2000 年初,Titleist 专家们挑出了其中一个原型,并将其标记为具有特殊潜力。该球拥有实心的核心、沙林树脂外壳和 392 个凹点的二十面体图案。在测试过程中,职业球手的反馈非常热烈,他们希望尽快将其用在比赛中。Titleist 需要给球命名,从而符合 USGA 的标准,于是 Pro V1 - Pro 被选定。其中 Pro 意为专业,V 指聚氨酯贴面,1 表明它是第一个。从此,这个名字便被沿用下来,Pro V1 是高尔夫历史上最成功的一款高尔夫装备。

21 世纪——测距仪(DMDs)

尽管 2010 年以前,测距仪就已经存在,但过去的十年让它们在球场上大受欢迎,几乎无处不在。截至 2019 年底,无论是 GPS 还是激光,几乎每位高尔夫球手人手一只测距仪。测距仪使用起来很简单,只需对准目标,反射激光就可以记录码数。GPS 测距仪既可以手持,也可以系在包上,甚至可以像手表一样戴在手上。

　　如今,你每天在球场上信手拿起的高尔夫设备,都曾是高尔夫走过的历史!

　　资料来源:根据搜狐高尔夫网站整理。

 思考题

　　1. 简述高尔夫球的演变过程。

　　2. 球的标准有哪些?

　　3. 高尔夫球杆的分类与功能有哪些?

　　4. 如何正常分辨不同硬度的高尔夫球杆标识与颜色差异性?

　　5. 请列举出高尔夫运动的基本装备。

第五章　高尔夫赛事

随着高尔夫运动在世界范围内的广泛开展,高尔夫比赛成为人们交流球技、沟通情感的社会平台。近年来,商业赛事在全球各地的成功举办让参与高尔夫运动的人数也越来越多。

高尔夫比赛与其他运动项目有所不同,由于高尔夫场地较大,高尔夫运动一般在没有裁判员监督的情形下进行。主要依靠每个参赛者秉承诚实和信用,自觉遵守规则,自己记分与赛事官方记分相结合。高尔夫赛事传递着文化,展现出绅士风度和为他人着想与爱护环境的良好精神,对高尔夫运动的传承与发展起到至关重要的作用。

第一节　高尔夫比赛方式

从田园的击打小石头开始演变到现在,为了满足不同的需要,高尔夫的比赛形式越来越多样化,但是基本比赛方式没有太大的改变,从早期的比洞赛到现在的比杆赛都是最为常见的比赛方式。

一、比杆赛(stroke play)

高尔夫比杆赛是根据球手在数个球洞后取得的总杆数进行比较,其中杆数最低者获得优胜的一种比赛形式。

所有参赛选手完成一场或几场比赛后,以累计杆击数量少者为胜。如果累计杆击数相同,应进行加洞赛(根据赛事安排加1个洞或者3个洞不等),直至决出胜负为止,杆击数比赛人数不限,少则两人,多则上百人。

职业高尔夫球手通常采用杆击数比赛,一次赛中要打四场球,一般职业比赛为4天4回合72洞(有例外),以四场球累计杆击数多少判胜负。

二、比洞赛(match play)

比洞赛是"一方对抗另一方"的比赛形式。比赛是以球洞为单位进行的,比赛规定的洞数一般为18洞,每一洞杆数最少的一方,即为该洞获胜者。如果甲乙双方均以同样击球数把球击入洞内,则算双方各得半洞,也就是本洞打平。常用的计分名词有"领先洞数""平局"和"有多少杆"。如果一方领先的洞数超过未打的洞数,则可终止比赛,领先一方即为优胜者。

业余球员比洞赛必须在规定洞数内全部打完,以18洞4个人比赛为例,每人完成洞数为18洞除以4为4.5洞,则每人必须赢4.5洞才算平手,如果有人赢了6洞,则其实他只赢了1.5洞。

三、比杆赛与比洞赛主要差异

（一）处罚方式

一般而言，比杆赛的罚则是罚两杆，而比洞赛的罚则是"本洞负"。

（二）发球区

比杆赛如果球员在发球区以外击球，罚两杆，重新击球。比洞赛则要看对手的态度，对手既可以认可这一次击球，也可以要求取消这一次击球。

（三）违反击球顺序

比杆赛情形下，只要不是互相商量不按顺序击球且有获利，偶然地违反击球顺序是没有问题的，不用罚杆，错了就错了，接着打下一杆便是。如果是比洞赛违反击球顺序，则对手既可以认可本次击球，也可以立即要求取消本次击球，重打。

（四）静止的球被移动

A 和 B 是同组球员，在比杆赛情形下，A 和 B 是互为"局外者"，假设 A 静止的球被 B 不小心移动了（如不小心踢着了），则谁都不用挨罚，把球放回原位即可。如果是比洞赛，A 和 B 便互为对手，除了因为帮助找球外，如果 A 静止的球被 B 不小心移动了，则 B 将被罚一杆。

（五）果岭上两球相撞

A 和 B 的球都在果岭上，A 先推，B 偷懒没有把自己的球做 mark 拿起来，结果 A 的球撞上了 B 的球。如果是比杆赛，A 要被罚两杆，并在球静止的位置推下一杆；如果是比洞赛，不罚杆，A 也是在球静止的位置推下一杆。

（六）省略进洞

比杆赛规定必须待球被击入球洞后，才可移往下一洞的发球台开球。而比洞赛是每一洞就决定胜负，因此只要对手球员同意就不必坚持球皆需进洞的原则。

第二节　高尔夫主要比赛形式

根据比赛的人数组合又分为个人赛、一对一比赛、一对二比赛、四球比杆赛、四球比洞赛等。

一、个人赛（singles）

即以个人为单位比赛，有比杆赛和比洞赛之分。

二、一对二比赛（threesome）

一人对二人之比赛，而且是每对各打一个球的比赛，此种比法较少见。

三、二对二比赛（foursome）

二人对二人的比赛，而且是每队球员分别各打一个球的比赛，所以也被称为 4 人两球赛。这种比赛在各洞打球时，同组伙伴球员是从发球台开始就轮流替换打球的，即同组球友一个人负责开奇数洞的球，另一个人则负责开偶数洞的球，然后轮流将球打进洞为止。各洞如遇有罚球时，不影响其打球顺序。

这种比赛对同队球员的打球顺序要求很严。比洞赛时，如果同队球员没有照顺序打球，则该洞负。如果比杆赛时顺序打错则罚两杆,并应从打错顺序的位置重新打。莱德杯赛就把 foursome 列为比赛项目之一。

四、四球比杆赛(four-ball stroke play)

两队每队各派两人对两人的比赛。每人各打一个球,但是在接下去之第二杆,各队可选择同组中较好的球位打第二杆。即同队的两人都在同组中第一杆最佳球位置,各打一杆算第二杆。在球进洞前的每一杆都是选两人的最佳球位,每人击球一次,直到击球入洞。

这种比赛同队虽有两名球友打球,但只记一份成绩与另两位对手的一份成绩比赛,每洞杆数较少者为胜。如杆数相同则为平手。我们把它称为 4 人 4 球最佳球位比洞赛,比较容易理解。

五、四球比洞赛(four-ball match play)

两队每队各派两人为一组,共 4 人,每人各打 1 个球。在每洞比赛中,以同队两人中较低杆数者作为该洞的成绩与两名对手中的最低杆数比赛。这种比赛由于只计算同队两人中一人的最好成绩,所以同伴中只要有一人完成该洞,同伴可以不必完成击球入洞。我们可以把它称作 4 人 4 球最好成绩比杆赛。

第三节 高尔夫比赛计分方法

高尔夫比赛的计分方法主要有史特伯夫特计分法、新贝利亚计分法、新新贝利亚计分法。

一、史特伯夫特计分法(stableford)

这种比赛不是以杆数来计算成绩,而是以每洞的标准杆为基准的计分制比赛。球员在一洞打到标准杆得 2 分,多一杆则得 1 分,少一杆则得 3 分。但最少是 0 分,没有负分。即打柏忌为一分,打双柏忌则没有分,打超过 3 杆也是零分。比赛是以 18 洞的得分总和作为总成绩,得分最高者为冠军。

二、新贝利亚计分法(new peoria)

这是高尔夫业余比赛很常见的一种比赛形式,也被称为净杆比赛。可以通俗地理解为球员的平均球技水平与现场比赛发挥水平的杆数差距。后者超过前者越多,净杆成绩越好。净杆成绩最低者是该种比赛的冠军。这种比赛形式的优点是能使不同技术水平层次的球员同场进行公平的竞赛。

新贝利亚制计算差点方式是在 Par3、Par4、Par5 的球洞各抽取 2 洞共 6 洞不计算成绩,然后计算球员剩余 12 洞成绩总和,乘以 1.5,再减去标准杆,再乘以 0.8 即为球员的差点。

计算公式:

$$18 洞-6 洞=12 洞 \qquad [(12 洞总合杆数)\times1.5-72]\times0.8=差点$$

三、新新贝利亚计分法(new new peoria)

新新贝利亚制计算差点的公式与新贝利亚制并没有什么不同。只是计算前的抽洞方式不同,不再是 3、4、5 杆洞各抽 2 个,而是在 18 个洞里随机抽取,杜绝了后者的抽洞方法的疏漏,从制度上保证了高尔夫比赛的公平公正。

第四节　世界知名高尔夫赛事

每年世界各地都会举办各类高尔夫赛事,如锦标赛、名人赛、巡回赛等,无论是国际的还是国内的,赛事举办的频率、规模、奖金的数量、名人的风采、媒体的关注等让人们眼花缭乱,让我们一起来了解高尔夫运动赛事的类型及它们的产生、发展情况。

一、五大洲"六大巡回赛"

(一) 美国高尔夫巡回赛

"美巡赛"是简称,一般是美国男子职业选手参加的比赛,它的正规称呼应当是 PGA 巡回

赛(PGA TOUR)(图 5-1),这是一项美国职业高尔夫球系列赛事的统称,也是负责运作这些赛事的机构本身的名称。"美巡赛"是非营利性民间组织,虽然也称之为"官方",但实际上并非政府部门。

1. 美巡赛发展过程

从 1968 年起,PGA 巡回赛从美国职业高尔夫球协会(简称为 USPGA 或 PGA)中分离出来,后者则成为球会职业球员的组织体。而独立的球员组成了新的组织,名为职业高尔夫球员协会(the Association of Professional Golfers,简称 APG)。但在不久后,职业球员决定解散 APG,同时成立一个由 10 名理事管理的 PGA 巡回赛球员分部,这一组织的名称在 1975 年正式变成现有的名称——"PGA Tour"。1981 年,PGA Tour 与 USPGA 在市场开拓方面产生纠纷,之后在同年 8 月下旬决定将名称改为

图 5-1　美巡赛 LOGO

"TPA Tour",即"巡回赛球员协会"(Tournament Players Association)的缩写。但七个月后这场纠纷得到解决,于是巡回赛名称在 1982 年 3 月又改回成"PGA Tour"。

PGA Tour 并不举办四大满贯赛事和莱德杯。USPGA 举办了四大满贯赛之一的 PGA 锦标赛和常青组 PGA 锦标赛,同时该组织还与 PGA 欧洲巡回赛联合举办莱德杯赛。另外,PGA 巡回赛也不涉及美国女子高尔夫球赛,后者由女子职业高尔夫球协会(缩写为"LPGA")运作。PGA Tour 也并不是美国高尔夫球运动的主管机构,相反,美国高尔夫球协会(United States Golf Association,缩写为"USGA")是美国高尔夫球运动的官方权威机构,其负责举办另一项大满贯赛事"美国公开赛"。PGA Tour 组织的赛事包括 1 月份至 11 月份每周均有的巡回赛事,也包括球员锦标赛、联邦快递杯赛以及两年一度的总统杯等。

2. 美巡系列赛事

美巡赛主要运营美国境内的三项巡回赛,另外还在加拿大和墨西哥不定期举办赛事。

PCA 巡回赛(PGA Tour):顶级赛事

冠军巡回赛(Champions Tour):面向 50 岁以上高尔夫球员

全美巡回赛(Nationwide Tour):一项中级赛事

PCA 巡回赛主办方还在每年秋天举办一项六轮比赛的资格巡回赛（常常被称为"Q-school"）。这项赛事中的前 25 名（包括并列）可以获邀参加下一年度的 PGA 巡回赛，而所有前 75 名成绩的选手可以参加下一年度的全美巡回赛。

3. 美巡赛赛季构成

每年 7 月至 8 月份，四大满贯赛事中的三项集中在这一时期举行。在过去这段时期会成为巡回赛的间歇期，因为许多顶尖高手都选择参加大满贯赛事。为此，巡回赛举办方引入了一种新的赛制，即联邦快递杯赛（FedEx Cup）。每年 1 月至 8 月中旬，球员们参加的"常规赛"（regular season）赛事，并根据成绩赢取联邦快递杯赛积分和奖金。在常规赛季末，联邦快递杯总积分排名前 144 名的选手获得参加"季后赛"（playoffs）的资格。季后赛在 8 月中旬至 9 月中旬期间举行，共有四项赛事。四项赛事的参赛名额不断缩减、逐步筛选，从 144—120—70—30，最终确定参加巡回赛锦标赛的 30 名选手名单。这四轮比赛中，选手将赢取额外积分。在锦标赛结束后，所有积分累积，得最高分者为当年度冠军。为实现这一赛制，比赛组织方对传统的赛事日程做出了大幅修改。2007 年，球员锦标赛（The Players Championship）被前移至 5 月举行，成为赛季最初连续 5 个月中的焦点之战。而巡回赛锦标赛（Tour Championship）则放到 9 月中旬举行，之后紧接着国际性团体赛事，即莱德杯或总统杯。这一赛程在 2008 年和 2009 年有了细微的变化：在联邦快递杯季后赛第三项赛事，即宝马锦标赛（BMW Championship）后，巡回赛会增加一个周末的休整期。2008 年，这一休整期出现在莱德杯前，而巡回赛锦标赛则在莱德杯之后举行。2009 年，休整期后先举行巡回赛锦标赛，再隔两周后举行总统杯比赛。

以 2018—2019 赛季为例，PGA 巡回赛的常规赛季为 45 周，共有 49 个赛事，大多数职业球员都会选择参加全赛季中的 20~30 项赛事。巡回赛的举办路线是根据全年的气候情况确定的。每年年初，比赛从温暖的夏威夷到加利福尼亚州和亚利桑那州巡回（西海岸区，West Coast Swing）之后赛事移至美国东南部（南部区）。从 4 月起，巡回赛事开始北上。整个夏季将在东北和中西部地区度过，最后的秋季系列将再次回到南部各州。大多数赛事中，参赛名额为 132、144 或 156，这取决于每年的不同情况和白昼比赛时间的长短。所有晋级到后半段的选手都可以获得多少不等的奖金，而一般冠军的奖金往往可以占总奖金额的 18%。2008 年开始，巡回赛政策委员会决定修改晋级球员的数量。晋级标准为前 70 名（含并列）成绩，除非因并列而产生超过 78 名以上的晋级球员。如出现这一情况，那么晋级分数线将被调整，即在不超过 78 名晋级球员的前提下取最接近 70 名的人数。那些虽然取得 70 名或更好成绩但仍被新规则淘汰的选手将获得奖金和联邦快递杯积分。

2017 年 7 月 31 日，中国职业球员窦泽成在威巡赛数字联盟公开赛（Digital Ally Open）创造历史。他以低于标准杆 25 杆的总成绩 269 杆，三杆优势问鼎冠军，不仅成为首位赢得威巡赛冠军的中国内地球手，也凭借本场夺冠，成为史上第一位拿到美巡赛参赛资格的中国内地球手，开启了中国球员通向美巡赛的征程。同年，中国球员张新军也获得了美巡赛参赛资格。

（二）欧洲高尔夫巡回赛

欧巡赛是除了美巡赛之外最重要的高尔夫比赛（见图 5-2）。欧巡赛是由英国职业高尔夫运动员联合会组织的比赛转变而来的。1984 年，英国的职业高尔夫运动员联合会将赛事举办和组织运营权力转给了 PGA 欧洲巡回赛组织。欧巡赛大多数比赛都在欧洲，但他们为了推广赛事，也将好多比赛放在了美国之外的世界各地。已有十多年历史的 VOLVO 中国公开赛，就是欧巡赛级别的职业比赛。

图 5 - 2　欧巡赛 LOGO

1. 欧巡赛发展过程

职业高尔夫运动始于苏格兰,1860 年举办了第一届冠军公开赛。在以后的几十年中,比赛的奖金在逐步增加。比赛主要在英国举办,欧洲大陆其他国家也偶尔举办比赛。从 1901 年起,英国职业运动员代表产生了职业高尔夫运动员联合会,欧巡赛正是由此发展而来。第二次世界大战以后,由于电视的普及,广告费、赞助费使得比赛奖金大幅提高。从 1930 年起,正式的美巡赛就已经开始了,之后 30 年高尔夫职业比赛全球化蔓延。1982 年,欧洲大陆外举办了第一个比赛——突尼斯公开赛。1984 年,欧巡赛脱离职业高尔夫运动员联合会单独运作。一开始,欧巡赛总在担心欧洲球员跑到美巡赛参赛,因为美巡赛的奖金更高。同时,由于四大满贯赛事中有三个在美国举行,欧洲球员也想适应美国场地,为大满贯做好准备。

1990 年,共有 38 个比赛举行,其中 37 个在欧洲。1992 年,第一个在亚洲举办的比赛 Johnnie Walker 经典赛在曼谷开始,这被证明是很有远见的开端,因为东亚在高尔夫运动上越来越重要。1995 年,欧巡赛开始和其他组织共同举办比赛,同年与南非合作,1996 年开始和亚巡赛合作。2018—2019 赛季的欧巡赛赛程,全年的比赛一共有 48 场,分布在 31 个国家和五大洲进行。

在全球范围,并没有一个组织来统治高尔夫运动,多数时间各个组织和平共处,但是也存在竞争。欧巡赛对自己和美巡赛的地位有自知之明。1998 年,它开始把三个大满贯比赛加在自己的日程上。欧洲球员在这三大比赛中拼搏很久了,从 1998 年起,在这里获得的奖金也开始计入欧巡赛范围内,这对职业球员的全球排名影响很大,也有些球员同时参加欧巡赛和美巡赛。

欧巡赛的地位是除了美巡赛之外最重要的。许多非欧洲的球员以前都是先到欧巡赛参赛然后再跳到美巡赛。由于美国很多大学提供高尔夫奖学金,吸引了很多球员直接去参加美巡赛。直到 20 世纪 70 年代,当欧洲出现高尔夫明星,特别是 1985 年、1987 年欧洲队分别在英格兰钟楼球场、美国俄亥俄缪尔菲德乡村俱乐部战胜长期统治的美国队,人们开始对欧巡赛的未来表示乐观。从 1995 年到 2006 年十年间,欧洲赢得 4 次莱德杯,而美国仅仅获得 1 次。2008 年的莱德杯在美国举行,赛前普遍认为美国球员还是处于下风,而且泰格·伍兹因伤不能比赛。但是由于美国队长的出色组织能力,加上本土作战,人气大涨,而欧洲选手发挥不好,最终美国队报了一箭之仇,夺得胜利。

2. 欧巡赛赛季构成

从 2000 年开始,欧巡赛的比赛从前一年的年底开始算,到 3 月前的比赛都在欧洲之外合办。3 月份开始的比赛移到欧洲大陆。每年的比赛变化不大,偶尔比赛地点会变化一些。2005 年,美巡赛总奖金是 2.5 亿美元,欧巡赛是 1.5 亿美元。但是其中 5 000 万奖金的 7 个赛事是由双方共同主办的(4 个大满贯和 3 个 WGC 锦标赛)。除了大满贯和 WCC 比赛,欧巡赛和其他组织合办的比赛奖金约是 100 万欧元,自己单独举办的大约是 300 万—400 万欧元。比赛奖金基本上可以和美巡赛的常规比赛持平了。2005 年开始和中国合办的汇丰银行锦标赛,2019 年总奖金已经涨到 1 000 万美元,2009 年开始算是 WGC 的一个比赛。

中国球员吴阿顺与李昊桐自 2016 开始已经成为欧巡赛的常客,吴阿顺已经获得了 3 个欧巡赛冠军(2015 年中国公开赛、2016 年奥地利公开赛、2018 年荷兰公开赛),李昊桐也获得了 2 个欧巡赛的冠军头衔(2016 年中国公开赛、2018 年迪拜沙漠精英赛)。

(三) 日本高尔夫巡回赛

日巡赛全称日本高尔夫巡回赛组织(Japan Golf Tour Organization),1973 年,日巡赛(Japan Golf Tour)诞生。作为世界六大高尔夫巡回赛之一,日巡赛目前由 1999 年 2 月 8 日成立的 Japan Golf Tour Organisation(JGTO)进行管理。

作为职业体育竞赛团体,他们不仅为推广和传播高尔夫做出了贡献,而且也加强了日本国内球员与国际球员的交流和联系。在与合作伙伴们的共同努力下,日巡赛负起高尔夫文化的责任,他们的目标就是进一步推广和传播高尔夫。

日巡赛是在日本承办的高尔夫比赛的管理团体。就其本身而论,日巡赛的目标就是让日本国内和国外的赛事事务都能有序地进展,同时也要改善巡回赛球员们的财务状态。日巡赛注重创建和发展丰富的体育文化,旨在培养日本国内球员,希望他们有一天能在国际上立足。2002 年的世界杯比赛,伊泽利光和丸山茂树就为日本夺得了冠军。日巡赛很注重青少年高尔夫的发展,总是组织职业球员们开展青少年教学,为青少年团体捐赠全套的高尔夫设施,他们希望有更多的青少年球员能积极参加日本高尔夫球协会主办的青少年高尔夫球手培养竞赛(Junior Golfer Nurturing Competition)。

日本目前的高球人口大概有 1 000 万,也就是每 10 位日本人就有一位打高尔夫。日巡赛希望通过他们的努力,让日本的孩子们也会有未来成为职业球员的梦想。总之,日巡赛通过数年的努力,不仅打造了世界高尔夫巡回赛竞赛体系中的一个知名品牌,而且更进一步推动和发展了日本特有的高尔夫文化,也培育了很多高尔夫运动品牌,这些品牌的球具更适合亚洲人群使用。中国球员张连伟、梁文冲曾经多次参加过日巡系列赛事,并获得较好成绩。

(四) 澳大利亚高尔夫巡回赛

作为世界六大巡回赛之一的澳大利亚巡回赛(PGA Tour of Australasia)明显在走下坡路,澳洲已经不再是世界顶尖球员练兵的舞台。近年来,澳巡赛积极寻求与其他职业巡回赛的合作。澳巡赛也是为数不多的将慈善基金纳入比赛体系的巡回赛之一。

(五) 南非阳光高尔夫巡回赛

南非阳光高尔夫巡回赛,由南非职业高尔夫协会(PGA of South Africa)主办。高尔夫在南非深入人心,这不仅源于这项赛事在南非的历史发展与变迁,也因为南非人在古老的高尔夫运动中一直扮演着重要的角色。

南非巡回赛是世界六大巡回赛之一,南非巡回赛的历史并不算很长。在 20 世纪 60 年代末才由南非职业高尔夫球员协会成立。到 1990 年代,巡回赛成长到一定阶段,和职业球员协会中的其他部分开始冲突,最终 Johan Immelman 带领南非巡回赛脱离职业高尔夫球员协会,迁移到西萨莫赛特的 Vodacom 乐部,之后为了让自己更具吸引力,便于扩张,更名为阳光巡回赛。而今在美巡赛、欧巡赛都因为经济危机焦头烂额之际,南非巡回赛却表现出了不一般的冷静。

(六)亚洲高尔夫巡回赛

亚洲高尔夫职业巡回赛是由新加坡、泰国、菲律宾、缅甸、印度、南非、中国香港、中国台湾八个国家及地区的职业高尔夫协会于 1994 年联合协议创立的,它在亚洲各主要国家建立起职业高尔夫比赛的标准。

亚巡赛的宗旨是为亚洲各国的职业高尔夫球手提供一个稳步发展的环境,使他们的职业水平逐渐提高到国际水准,最终从亚洲走向世界。为了给亚洲选手更多的参赛机会,亚巡赛一方面规定每场比赛的非亚洲选手不得超过 35 名,另一方面通过每年的赛事会议提供给高尔夫运动成长迅速的国家一定量的免资格赛入围名额,以帮助这些国家及地区中有潜力的佼佼者顺利获得亚巡赛的参赛资格。这种保护措施充分保障了亚洲选手在巡回赛中的利益。

1999 年 5 月大卫杜夫·咖啡(Davidoff Cafe)加盟亚巡赛,成为新一任冠名赞助商,将其正式易名为大卫杜夫巡回赛(Davidoff Tour),更是为亚巡赛注入了一股强大的新鲜血液。亚巡赛每年在亚洲各地的二十多场赛事均由举办国当地的一家赞助商赞助并冠名。在中国,沃尔沃成为中国公开赛的鼎力支柱,在未来数年里,亚巡赛在中国将有更多的赛事。

二、高尔夫四大满贯

"大满贯"一词原本是桥牌术语,是指赢得一局中所有的叫牌。在中国体坛,"大满贯"一般指获得过包括奥运会、世界锦标赛、世界杯三大赛的单向个人或集体冠军。在国际上,"大满贯"多指网球和高尔夫球赛,指运动员获得四大赛的冠军头衔。

职业高尔夫"大满贯"的说法最早由高尔夫球名将阿诺德·帕尔默(Arnold Palmer)提出。但"大满贯"实在不容易达成,因此后来又出现了一个新词"生涯大满贯"(career grand slam),意思是说在不同的年份获得过"四大赛事"的冠军。闻名世界的老虎·伍兹在 24 岁获得"英国公开赛"冠军之后成为历史上最年轻的"生涯大满贯"得主。

(一)英国公开赛

英国高尔夫公开赛的全称是英国高尔夫公开锦标赛,始于 1860 年,是高尔夫四大满贯中历史最悠久的赛事,由英国圣安德鲁斯皇家古典高尔夫俱乐部主办,每年 7 月的第三个周末举办。无论在球员还是球迷心中,英国公开赛都有其独特的不可动摇的历史地位。

英国公开赛开始于 1860 年,Prestwick 俱乐部发信邀请几个优秀的俱乐部推荐他们的球童参加一个为刚去世的艾伦·罗伯森(Allan Robertson)寻找接班人的比赛。而实际上"公开赛"并不公开,仅有 8 人参加,他们是第一批职业选手。比赛的结果,比起艾伦·罗伯森曾打出的惊人的 79 杆,冠军威利·派克(Willie Park)的 36 洞 174 杆成绩相形见绌。由于业余球手的抗议,第二年,主办人宣布"比赛将向全世界敞开大门",真正的公开赛成立了,虽然这一年也只有 12 人参加,但已包括业余球员。

英国公开赛刚开始的 12 届均固定在 Prestwick 海滨球场举行,之后移师到圣安德鲁斯

（St. Andrews）老球场。其后比赛选择不同的球场举行，在这之前，已沿用了10年的冠军奖品"腰带"被如今闻名全世界的"葡萄酒壶"（Claret Jug Trophy）代替。第一次世界大战后，英国公开赛由圣安德鲁斯皇家古典高尔夫俱乐部（Royal and Ancient Golf Club）主持，权威的机构、悠久的历史和强手如林的参赛选手让英国公开赛逐渐发展成为世界高尔夫球四大年度赛事之一。

拓展阅读

"高尔夫冠军奖杯"的诞生

"高尔夫冠军奖杯"，即"葡萄酒壶奖杯"由麦凯·康宁罕和爱丁堡公司（Mackay Cunningham & Company of Edinburgh）在1873年制作完成。1893年英国公开赛的冠军得主汤姆·基德成为葡萄酒壶奖杯的第一位拥有者，不过1872年赛事冠军小汤姆·莫里斯的名字则成了刻在奖杯上的第一个名字。

1920年，关于英国公开赛所有的职责和义务都被移交给皇家古老俱乐部。7年后，鲍比·琼斯在圣安德鲁斯获胜，俱乐部委员会却决定从此保留"葡萄酒壶奖杯"的原品，用复制品代替颁发给获胜者。第二年，沃尔特·哈根赢得了职业生涯的第三个英国公开赛冠军，接受了"葡萄酒壶奖杯"的复制品。原版的"葡萄酒壶奖杯"现已被永久陈列于皇家古老俱乐部的会所里，放在最初的奖品——"挑战者腰带"旁边，供世人瞻仰、膜拜。在那半个多世纪的日子里，葡萄酒壶奖杯的原品转手了28位不同的冠军球手，其中包括六次夺冠的哈里·瓦尔登。

（二）美国公开赛

美国高尔夫球公开赛（United States Open Championship，简称 U.S. Open 及美国公开赛）是每年一度的高尔夫球四大满贯赛事之一。由美国高尔夫协会（USGA）主办，该赛于每年的6月中旬举办。

第一届的美国公开赛于1895年10月4日在9洞的 Newport 高尔夫乡村俱乐部举行，有10位职业球员和1位业余球手参加1天4轮共36洞的比赛。

开始的10年，美国公开赛默默无闻。从1900年起，由于一些著名英国球手的加入而令赛事逐渐被重视。其中有 Harry Vardon 和 John Henry Taylo。他们在赞助人的支持下长途跋涉，称霸美国高尔夫球坛整整10年。

直到1911年，第1个美国本土冠军 Johnny Mcdermstt 的出现，开始改变这种格局，而次年 Johnny 又赢了一次；1913年，年仅20岁的美国业余球手 Francis Quimet 在加洞赛中打败 Harry Vardon（哈利·瓦登）和 Ted Ray，更是惊动了整个高尔夫球界，至此，"美国公开赛"才成为真正的美国人的公开赛，而美国的高尔夫人口也开始不断增长，由1913年的35万增加到10年后的200万。在欧洲人忙于一战时，美国人则优哉游哉地提高了球技。1894年，由 Newport 独自举办的面对职业球员的"公开赛"被现今的 UAGA（美国高尔夫协会）否定。而冠军 Willie Dunn 也未被记录在案。1895年，第一届美国公开赛在 Newport 俱乐部正式举行，16洞的比赛，总奖金为335美元。1920—1930年间，巴比·琼斯（Bobby Jones）参加的美国公开赛（U.S. Open）中赢了4次，加上他所赢得的3个英国公开赛 Brithish Open 和6个业余赛，成为美国的英雄。

美国公开赛是四大满贯赛中对场地要求最苛刻的,近10年来仅有的三次高于标准杆获胜都发生在"美国公开赛",它们是2018辛尼科克山、2013美浓高尔夫俱乐部和2012奥林匹克俱乐部,三届大赛都是高于标准杆1杆夺冠。标志性的"公开赛长草"(Open rough),考验开球远而精准的长四杆洞。

(三)美国名人赛(也称美国大师赛)

美国名人赛创始于1934年,迄今已有80多年的历史,受到第二次世界大战的影响,1943—1945之间3年未举办,其余的82届皆有冠军产生。整个名人赛(The Master)其实是鲍勃·琼斯(Bob Jones)与克里弗德·罗伯茨(Clifford Roberts)的共同想法,为的是提供高球界一场年度盛事。然而,两人对比赛却有不同的看法,罗伯茨主张称它为The Masters,琼斯则认为它太不客气了,于是称它为Augusta National Invitation Tournament(奥古斯塔国家邀请赛)。也因此,名人赛的前五年名称均为琼斯所提的名号,一直到1939年琼斯才不再坚持,于是比赛名称正式改为现在的The Masters(名人赛)。目前有些境外频道称呼它为大师赛。名人赛是我国行之已久的称呼。

由于琼斯本人是当时第一高手,为人谦和且又考虑到主人身份,因而他本人倾向于不参赛,但最后仍在大家的劝说下参加。在12次的比赛中,仅在1934年拿到最好的第13名。尽管名人赛自举办以来各方面都在做修正,仍有些模式是来自早年的一些决定。其中有,每天18洞的四天比杆赛,而不是曾使用过的第三天打36洞;去除资格赛;反对在决赛采用三人一组;拒绝让球员与球童以外的人下场跟随。

第一届名人赛是在1934年的3月22日举办,直到1940年,才改在4月份的第一个完整的礼拜举行。而在高尔夫比赛仍未那么普及的年代,它拉开了每年高尔夫赛事的序幕,它是全球所有高尔夫球员梦想的舞台,是高尔夫球员心目中排名第一位的大满贯赛,每年的冠军将赢得一件代表至高荣誉的绿夹克,由上一届的冠军为本届冠军披上绿夹克。这项赛事固定在每年4月份的第一个完整周举办,是每年四大赛事中最先举行的,是四大赛唯一场地固定的比赛,比赛均在佐治亚州奥古斯塔国家高尔夫俱乐部(Augusta National Golf)举办,由奥古斯塔高尔夫俱乐部举办,同时也是奥古斯塔最美丽的时节,每个球道的花卉争相绽放。比赛的参赛球员采取邀请制,是只有达到限定资格的选手方能参加的世界最高水平的比赛。

在整个比赛历史中,Gene Sarazen在1935年于第15洞以4号木杆打出双鹰,进而追平Craig Wood,又在隔天的36洞延长赛中胜出。在1940年代,由于二次大战之故,1943—1945年球场关闭,并在球场内养火鸡与牛只,以备战争物资。1958年阿门转角的传统正式出现,紧接着在1960年,正式比赛前的九洞par 3挑战赛首次登场。1965—1966年,Jack Nicklaus是首位卫冕成功的球员。1970年代,Jones与Roberts这两位创办人分别去世。1986年,Nicklaus以46岁之龄,拿下个人的第六件绿夹克。1997年,Tiger Woods以负18杆破了名人赛维持了32年的总杆纪录。

至今为止,参加过美国名人赛的中国高尔夫球员有:张连伟(2004)、梁文冲(2008)、关天朗(2013)、金诚(2016)、林钰鑫(2018)、李昊桐(2018、2019)。

(四)美国职业高尔夫球锦标赛

又称"PGA高尔夫锦标赛",被美国以外的地区称为"美国PGA锦标赛",其主办方为美国职业高尔夫协会(Professional Golfers Association of America,简称USPGA或PGA)。美国职业高尔夫球协会是个严格的会员制组织,非美国职业高尔夫球协会的会员无资格参加他们举办的 PGA 锦标赛,冠军得主终其一生可以不经预赛参加 PGA 主办的比赛。

从总奖金来看,它与美国公开赛并列第二,近些年来 PGA 锦标赛的总奖金逐年增加。从冠军奖金看,它仅次于美国大师赛,名列四大赛第二位。从历史来看,1916 年创立的 PGA 锦标赛排第三,资历略低于英国公开赛和美国公开赛,但是其丰厚的总奖金和冠军奖金以及最高水平的参赛选手仍然吸引着全世界所有职业球手、业余爱好者和媒体的目光。

1916—1957 年以前采用比洞赛赛制(match play),1958 年以后改为比杆赛赛制(stroke play)。PGA 锦标赛在四大赛中奖金总额居第二位,冠军奖金额仅次于美国名人赛。每年 8 月举行,是四大赛的最后一项。Walter Hagen 和 Jack Nicklaus 分别赢得 5 次冠军,是此项赛事获胜最多的球员。

三、最具影响力的团体赛事

(一)莱德杯(Ryder Cup)

除四大满贯赛外,在全球范围影响力最大的高尔夫职业比赛首推“莱德杯”赛,每两年举办一次。高尔夫比赛一般是个人比赛,统计个人成绩,“莱德杯”则是高尔夫界最著名的团队比赛项目,是每一位欧洲和美国选手都渴望参加的比赛。这代表了美国和欧洲联队(原为英国联队)的荣誉,参加“莱德杯”表明球员具有真正顶级的竞技水平。两对选手都是根据排名榜(Order of Merit)的名次选拔的,通常还可增加两名备选选手。这两个团队囊括了世界上最优秀的 12 名选手。

“莱德杯”的第一次比赛在 1927 年举行,比赛双方是英国/爱尔兰联队和美国队。在 1927~1977 年的 22 届比赛中,美国队获胜 19 次,占据了压倒性优势。1979 年,改为美国队和欧洲联队进行对抗,成绩旗鼓相当。

(二)总统杯(President's Cup)

“莱德杯”是美国和欧洲选手的对决,而“总统杯”是 12 位最顶尖的美国球员代表美国队与 12 位来自欧洲以外地区的顶尖国际球员对阵。每两年举办一届,与莱德杯时间错开,第一届比赛于 1994 年在美国举行,第 38 任美国总统杰拉德·福特担任赛事名誉主席。赛事本为逢偶数年举办,2001 年 9·11 恐袭事件后,当年的莱德杯停办,总统杯于是顺延至奇数年举办。每一届的比赛,担任赛事名誉主席的,都是举办国现任或前任的政府首脑、国家元首。1996 年的第二届比赛仍在美国举行,老布什以名誉主席的身份出现在了赛场上。在那之后,比赛在美国和其他国家轮换举办,担任过比赛名誉主席的,有克林顿、小布什、奥巴马、特朗普四位美国总统,以及两任澳大利亚总理(霍华德、杰拉德)、一位南非总统(姆贝基)、一位加拿大总理(哈珀)和一位韩国总统(朴槿惠),总统杯被誉为“莱德杯的妹妹”,可见其地位之高。

参加总统杯纯粹是为了荣耀而战,这些顶尖球员,每一场比赛少则挣得数万美金,多则入袋上百万美金,参加总统杯的这一周却完全是在做义工。胜者还能将奖杯捧回家,失败的一方则空着手来,空着手离开。事实上,每一位参赛队员、队长、助理队长,无论胜负,到了比赛结束时,都能平均分到一笔钱——2017 年是 15 万美元。这笔钱不会进入球员的个人账户,而是将以慈善捐款的形式,以球员本人的名义,捐赠给球员指定的慈善机构。2017 年的总统杯,一周时间,募集到的善款数额创纪录地达到了 1 070 万美元。从 1994 年第一届总统杯起,善款总额已经超过了 4 910 万美元,全球 16 个国家的 450 多间慈善机构直接从中获益。

2019 年 12 月中国球员李昊桐代表中国参加澳大利亚皇家墨尔本高尔夫俱乐部举办的总

统杯比赛,这是中国高尔夫职业球员首次进入总统杯阵容。

(三) 世界杯

高尔夫球世界杯赛(World Cup of Golf)是世界高尔夫球最高水平的一项赛事,是国际四大赛事中唯一代表国家和地区参赛的男子队际赛。每年举办一届。现在该赛事称为欧米茄观澜湖世界杯(Omega Mission Hills World Cup)。

高尔夫世界杯始于1953年,创始人是加拿大商人约翰·杰·霍普金斯。第一届比赛时,它还只是一个被称作"加拿大杯"的小型赛事。1967年更名为世界杯赛。高尔夫球世界杯的决赛共有32个国家和地区的代表队参赛,每队由两名选手组成,参赛选手均为职业高尔夫球员。比赛采用世界通用的苏格兰圣安德鲁斯皇家古代高尔夫俱乐部和美国高尔夫球协会审定的"高尔夫球规则"以及竞赛委员会审定的"当地规则"。

(四) 奥运会

1894年6月23日,国际奥委会在巴黎正式成立。在这123年里,人类朝着"更高、更快、更强"的方向在各项运动里创造了一个又一个奇迹。高尔夫运动与奥运会一直分合纠缠,早在1900年举办的第二届巴黎奥运会上,高尔夫就已成为奥运项目,然而因为诸多原因,2016年前高尔夫球正式比赛在奥运会历史上只出现过2次(1900年巴黎奥运会、1904年圣路易斯奥运会)。1908年、1916年和1996年的奥运会也曾计划安排高尔夫比赛项目,在1920年高尔夫被改为奥运会观赏项目。在2009年的哥本哈根会议上,奥组委宣布高尔夫重返2016年奥运。在2016年里约奥运会上,由吴阿顺、李昊桐代表中国男子高尔夫队,冯珊珊、林希妤代表中国女子高尔夫球队,其中20岁的小将林希妤创造了奥运会赛场上女子高尔夫球的第一个一杆进洞,中国著名高尔夫球员冯珊珊以总杆274杆获得女子高尔夫奥运会第三名的好成绩,这也是中国军团在时隔112年重返奥运会的高尔夫项目中首次获得奥运会高尔夫奖牌。

拓展阅读

高尔夫运动与奥运会

第一届现代奥运会于1896年在希腊首都雅典举行,当时有14个国家的选手角逐43个运动项目,但其中并没有高尔夫。高尔夫首次进入奥运会是在四年后的巴黎奥运会。

1900年,第二届现代奥运会在法国巴黎举办。当时,共有来自22个国家的1 330名运动员参加了17个项目的比赛,高尔夫球首次作为奥运会的竞赛项目出现,比赛地点设在贡皮埃涅。比赛分男女组进行,男子的比赛形式是共36个洞的比赛,而女子则只进行了9个洞的比赛。第一位赢得奥运会高尔夫男子金牌的是美国选手查尔斯·桑德斯;第一位赢得奥运会高尔夫女子金牌的是美国选手玛格丽特·阿伯特。

1904年,奥运会第一次在欧洲之外的地方——美国的圣路易斯举办。高尔夫项目依然包含在此届奥运会的竞技项目之列,但没有设置女子项目,只有男子的比洞赛。参赛男选手共计77名,其中美国的球员多达74名,剩余3名为加拿大人。最终来自加拿大的46岁球员乔治·里昂赢得了冠军。

1908年,伦敦奥运会原本打算再次举办高尔夫球运动,但英国高尔夫协会和英国奥林匹克委员会在举办资格上产生了分歧,这导致英国当地的球员全部退赛。乔治·里昂作为英国以外唯一的选手前来卫冕自己的冠军,成为唯一一位的参赛者,因此比赛被取消了。

1920年,高尔夫再次尝试回归奥运,但是因为缺乏吸引力而被拒之门外。1921年,奥组委正式宣布一项运动必须有至少40个国家参与,并且由一个有奥运会认可的国际组织来管理。而此刻高尔夫有两套规则体系,所以再次被拒绝。

二战以后,职业高尔夫运动在欧美不断发展,逐渐成为商业化程度最高的竞技项目,但因为全球高尔夫规则体系的混乱以及坚持业余传统的奥运会对于纯职业化的高尔夫的排斥,让它长期被挡在奥运门外。

2008年11月14日,有关方面向国际奥委会提出加入2016年奥运会的要求。同年12月22日,国际奥委会决定将高尔夫入奥问题纳入2009年国际奥委会会议的主要议题。最终在2009年10月9日,国际奥委会在哥本哈根举行的第121次全会上投票同意高尔夫运动成为2016年里约热内卢奥运会竞技项目。

至此,高尔夫运动时隔112年再次入奥。

高尔夫运动与奥运会的分合主要有三个原因:① 由于举行高尔夫比赛花费不菲,在发展中国家的接受度不高,且一些高端高尔夫俱乐部不接受女性会员,这些因素都成为奥委会成员质疑高尔夫运动入选的理由之一;② 根据1999年12月修订的《奥林匹克宪章》规定,只有在至少75个国家或地区和4大洲男子中以及至少在40个国家或地区和3大洲女子中广泛开展的运动项目才可列入夏季奥林匹克运动会比赛项目;只有在至少在25个国家或地区和3大洲中广泛开展的运动项目才可列入冬季奥林匹克运动会比赛项目,奥运会官员们认为没有达到要求;③ 比起每站数百万美金的奖金来说,奥运奖牌不一定能吸引到顶级球员参加。顶尖高尔夫球手不考虑参赛,奥运会高尔夫球比赛的水准及观赏性将大打折扣,赞助商也会纷纷撤离。如果仅仅由业余选手参赛,奥运会高尔夫球比赛将会变得没有意义。

资料来源:搜狐高尔夫网站整理。

四、世界女子高尔夫球比赛

虽然女子职业高尔夫起步晚于男子,但时至今日已经发展出以女子美巡(LPGA)为代表的各大巡回赛,还包括女子日巡(JLPGA)、韩巡(KLPGA)、欧巡(Ladies European Tour)等世界级的巡回赛,这些顶级巡回赛各有特色,在女子高尔夫世界各自占据着特殊的位置。

(一)美国高尔夫巡回赛

美国女子高尔夫巡回赛(LPGA)(见图5-3),其全称是Ladies Professional Golf Association。成立于1950年,它是美国的女子高尔夫职业球员组织,总部在佛罗里达的Daytona Beach。也是目前美国仍然运行的历史最悠久的女子职业体育组织。组织成立当年,筹集了5万美元,举办了14场锦标赛。如今LOGA主要负责运营差不多每周都有比赛的LPGA巡回赛,中级巡回赛、未来巡回赛以及一系列的资格赛。

经过多年持续不断的努力,LPGA赛事在世界各地继续推动全球最顶尖女子高尔夫运动的发展,2019赛季将举办33场正式赛事,到访全球12个国家(其中包括上海旗忠花园高尔夫俱乐部举办的别克LPGA锦标赛、海南鉴湖蓝湾的LPGA大师赛),全年

图5-3　LPGA logo

总奖金继续创历史新高,达到 7 055 万美金。

(二) 日本高尔夫巡回赛

日本女子职业高尔夫协会成立于 1968 年,女子日巡也在那一年开始举行,其全部赛事都在日本国内举行,有着相对较高的封闭性,一是由于语言,二是因为其设置的资格赛体系对外国选手来说也是一道门槛。然而值得一提的是,日巡是除了女子美巡之外,奖金最为丰厚的女子职业巡回赛。

2019 年的 39 站比赛,总奖金达到了 39 亿 4 500 万日元(约合人民币 2.5 亿元),单站最低奖金为 6 000 万日元(约合人民币 380 万元),最高则为 2 亿日元(约合人民币 1 266 万元)。

女子日巡的球员主要来自日本,海外选手以来自韩国、中国台湾、泰国的球员居多,这些外国选手也在众多日本选手中绽放出绚烂的光彩,中国台湾选手涂阿玉就曾在 1982 年到 1991 年间赢得了 7 个奖金王,而在过去的 9 年中,韩国选手包揽了其中 7 年的奖金王。

(三) 韩国高尔夫巡回赛

韩国高尔夫巡回赛是制造世界高手的兵工厂。但是,没有任何一个世界级的职业巡回赛比女子韩巡更“封闭”,只不过这种封闭性不是故意为之,而是因为韩国选手的实力太强,海外选手难以打破韩国选手统治的局面。自 1978 年成立以来,韩国女子职业高尔夫协会的会员,基本上都来自本土,其独立认证的一级赛事几乎看不到外国选手的身影。而自 1982 年有数据记载以来,从没有一年的韩巡奖金王旁落他国,全部由韩国选手赢得。同时,在过去的 10 个赛季中,女子韩巡的独立认证赛事,也只有一场被外国选手赢得,而冠军野村敏京(日本)还是日韩混血。不过女子韩巡正在努力改变这种单一形象,欢迎外国选手报名女子韩巡,如今参加其二级巡回赛的国外选手越来越多,不过她们要打到一级巡回赛仍旧有难度。

2019 年,女子韩巡预计举办 30 站,独立认证赛事最低奖金为 5 亿韩元(约合人民币 291 万元),最高为 15 亿韩元(约合人民币 873 万元)。在这样的势头下,女子韩巡的国际化或许会进一步提升。

(四) 欧洲女子高尔夫巡回赛

欧洲女子高尔夫巡回赛(LET)成立于 1979 年,总部在英国。欧洲的女子高尔夫发展比较缓慢。1978 年,欧洲女子高尔夫联合会成立,第二年,开始举办巡回赛,这就是 LET 的开始。1988 年,巡回赛成员决定成立一家独立的公司运营巡回赛。1998 年,这家公司改名,2000 年,再一次改名成为现在的名称 Ladies European Tour。2008 年,LET 将总部挪到伦敦郊外的 Buckinghamshire 高尔夫俱乐部。

LET 每年赛事场地在 25 场左右,奖金最丰厚的 2 个赛事是英国女子公开赛和在法国举办的依云大师赛(Evian Masters)。这两个比赛是 LET 承认的大满贯比赛。美国的 LPGA 在 2001 年承认英国公开赛是大满贯赛,并于 2011 年决定承认依云赛 2013 年升级为大满贯。除了这两个比赛,其他的赛事奖金较少,大约在 20 万—50 万英镑之间。2010 年,LET 的总奖金大约是 1 100 万英镑。

如今,女子欧巡在变革中求生存,由于办赛范围越来越窄,在东亚已经完全没有比赛,几场大赛:依云锦标赛、英国女子公开赛、苏格兰女子公开赛,都与女子美巡联办。2018 年,女子欧巡的赛事缩减到 15 站,总奖金为 11 486 888 欧元(约合人民币 8 789 万元)。

(五) 美国女子公开赛(US Woman Cup)

美国女子公开赛由美国高尔夫协会主办,赛事创立于 1946 年,它是最古老的女子大满贯赛,也是1950年LPGA创立时便确立为大满贯赛的赛事。美国女子公开赛一开始由WPGA运作(3年),后来由LPGA接管(4年),1953年它成为美国高尔夫协会的赛事。美国女子公开赛通常在7月份举办,是女子赛事中奖金额最高的比赛。美国女子公开赛同时开放给职业和业余选手参与,并设置有资格赛。

（六）英国女子公开赛(British Woman Cup)

英国女子公开赛由英国高尔夫协会主办,它始办于1946年,首次比赛在佛福球场举行。英国女子公开赛并不像英国男子公开赛那样历史悠久,1976年才在英国女子高尔夫联合会的推动下成立,一开始,它很难被称为顶级赛事,事实上,许多英国的顶级球场都不接纳这场赛事。

从1994年开始,英国女子公开赛得到了LPGA巡回赛的认证,而2001年它成为LPGA巡回赛的大满贯赛,取代了加拿大的杜穆里埃精英赛(du Maurier Classic)。这个时候,它才逐渐得到英国顶级球场的接纳,其赛事在圣安德鲁斯老球场举行从一个角度说明了其地位的提升。事实上,随着这些林克斯球场成为英国女子公开赛的比赛场地,它也渐渐拥有了独特的个性。

（七）克蒂斯杯(The Curtis Cup)

克蒂斯杯由美国女子高尔夫球联盟与美国高尔夫球协会主办,首届比赛于1932年举行,由英国和美国的女子业余选手角逐,但两国间非正式的比赛早在1905年就已开始。该奖杯由曾是美国女子业余冠军赛冠军的克蒂斯姐妹捐赠。

（八）索尔汉杯(The Solheim Cup)

索尔汉杯由欧洲女子职业高尔夫球巡回赛和美国女子职业高尔夫球巡回赛主办,也称为泛大西洋女子职业队比赛或女子比赛的莱德杯,每两年举行一次。比赛由闻名全球的PING高尔夫球具公司的创始人卡斯特·索尔汉(Karsten Solheilm)赞助。

第五节　中国重大高尔夫赛事

一、中国高尔夫球巡回赛

中国业余高尔夫球巡回赛由中国高尔夫球协会主办,中信朝阳高尔夫管理有限公司冠名赞助。这项2001年诞生的赛事,目前已成为中国级别最高、规模最大、影响最广的赛事。

在2005年举行了4站。巡回赛按照每年递增两站的速度逐渐扩大规模,到2008年形成一年10站、年度奖金总额800万人民币的赛事。2008年,欧米茄中国巡回赛在中国内地总共举办10场,每站奖金为人民币80万,年度奖金总额人民币800万(110万美元)。

根据中国高尔夫协会2021年的官方数据,全年举办男子职业赛事共有20站;职业女子高尔夫赛事有15站;业余组高尔夫赛事有31站;中高协主办青少年赛事43站,认证青少年赛事435站。

二、汇丰冠军赛

2005汇丰创办的"汇丰冠军赛"是中国乃至全亚洲水平、规格和总奖金最高的赛事。2009年汇丰冠军赛正式升级世锦赛,首届"世锦赛-汇丰冠军赛"于2009年11月5—8日在上海佘山国际高尔夫俱乐部举行。汇丰冠军赛的赛事阵容以"汇集世界各地冠军球手"为特色,赛制为 72 洞个人比杆赛。

历年来,吸引了来自欧巡赛、澳巡赛、亚巡赛及阳光巡回赛等职业高尔夫球巡回赛单站冠军在内的共 75 名高尔夫球好手参加,其中包括当时世界排名第一的泰格·伍兹和排名第二的辛格,这也是泰格·伍兹首次在中国参加正式的世界排名赛。

"汇丰冠军赛"定于每年 11 月份举办,因为等到各大巡回赛结束,冠军都出来以后才能确定最终的邀请名单。四大巡回赛获胜者的参赛令这一赛事云集了世界高尔夫总排名中最优秀的选手,可以称得上是在中国举办的真正意义上的国际冠军锦标赛。2019 年总奖金额高达 1 025 万美元,因此被称为"亚洲大满贯",成为最具挑战性的锦标赛之一。

三、沃尔沃中国公开赛

沃尔沃(Volvo)中国公开赛创始于 1995 年,由中国高尔夫球协会主办,是中国大陆举办历史最久的国际职业高尔夫球比赛,也是中国最具影响力的国家高尔夫球公开赛。首届比赛在北京举行,1998 年,沃尔沃中国公开赛加入亚洲巡回赛。2004 年,加入欧巡赛。2005 年,沃尔沃中国公开赛增设了资格赛,并推出了"沃尔沃中国青少年冠军赛"(后更名为"沃尔沃中国青少年比洞锦标赛")。2009 年起,中国公开赛加入同一亚洲巡回赛,2018 年,沃尔沃中国公开赛回到亚洲巡回赛,2020 年沃尔沃中国公开赛由中巡赛独家认证。

 思考题

1. 高尔夫比赛主要有哪两种方式? 主要差异体现在哪些地方?
2. 请列举高尔夫比赛的主要形式。
3. 请说出高尔夫比赛的主要计分方法。
4. 世界职业著名"六大巡回赛"是由哪些比赛组成?
5. 世界高尔夫"四大满贯"是指哪些比赛?
6. 简述中国著名高尔夫赛事发展概况。

第六章　高尔夫产业

高尔夫运动以高尔夫球场核心带动了相关产业发展。本章主要内容包括：高尔夫产业的形成与发展，高尔夫产品制造业，世界著名高尔夫球具品牌，高尔夫运动延伸产业，同时深度介绍中国的高尔夫产品制造业、高尔夫球场制造业、高尔夫赛事产业、高尔夫地产、高尔夫教育、高尔夫旅行业态等方面。

拓展阅读

高尔夫职业球员的收入

《福布斯》评出有史以来体坛收入最高的20位运动员，截至2017年6月1日。这20位运动员分别来自篮球、高尔夫、拳击等项目，收入的时间从运动员职业生涯开始算，收入包括了工资、奖金、获胜奖金、代言收入、授权收入、出书收入、高尔夫球场设计费等等。下面一起来看看这些收入最高的运动员都有谁吧？（见表6-1）

表6-1　体坛收入最高的职业运动员TOP20

排　名	运 动 员 名 称	参与运动项目	收入（美元）
1	迈克尔·乔丹	篮球	17亿
2	泰格·伍兹	高尔夫	16.5亿
3	阿诺德·帕尔默	高尔夫	13.5亿
4	杰克·尼克劳斯	高尔夫	11.5亿
5	迈克尔·舒马赫	F1赛车	10亿
6	科比·布莱恩特	篮球	7.7亿
7	弗洛伊德·梅威瑟	拳击	7.65亿
8	菲尔·米克尔森	高尔夫	7.6亿
9	大卫·贝克汉姆	足球	7.3亿
10	沙奎尔·奥尼尔	篮球	7亿
11	迈克·泰森	拳击	6.85亿
12	格雷格·诺曼	高尔夫	6.8亿
13	勒布朗·詹姆斯	篮球	6.4亿
14	克里斯蒂亚诺·罗纳尔多	足球	6.2亿

排　名	运动员名称	参与运动项目	收入（美元）
15	罗杰·费德勒	网球	6 亿
16	阿莱克斯·罗德里格斯	棒球	6 亿
17	里奥内尔·梅西	足球	5.2 亿
18	杰夫·戈登	F1 赛车	5.15 亿
19	奥斯卡·德拉霍亚	拳击	5.1 亿
20	曼尼·帕奎奥	拳击	4.9 亿

数据来源：《福布斯》杂志。

总共有 5 位高尔夫选手闯入运动员终身收入榜单的前 20,5 人合计总收入 55.9 亿美元，更是占据了榜单 20 位运动员合计总收入 164.35 亿美元的 34%，占比 1/3 还要多，这是高尔夫产业的一个缩影。

高尔夫产业围绕高尔夫运动需求形成了生产、服务等完整产业体系和产业链结构，它属于第三产业范畴。从高尔夫球具的生产与销售、高尔夫球场的设计与建造、高尔夫运动带来的赛事服务、教育培训、球场经营、媒体宣传以及延伸产品高尔夫旅游、高尔夫地产等方面，庞大的高尔夫运动消费及延伸产品，使高尔夫迅速发展成为一种相对独立的产业。高尔夫产业的形成与发展，实质就是体育产业细分化的结果。现代高尔夫产业正成为具有巨大商业价值的全球性休闲产业的一部分，是具有高附加值的朝阳产业。

第一节　高尔夫产业形成与发展

一、高尔夫产业的定义

广义上"高尔夫产业"的定义是指以高尔夫球场运营业为核心，包括高尔夫球场运营、高尔夫赛事、高尔夫旅游、高尔夫中介、高尔夫传媒、高尔夫球场建设和高尔夫球具、服装等相关产业链体系。

狭义上"高尔夫产业"的定义是指经营高尔夫球场与高尔夫练习场等的相关企业。

根据美国斯坦福研究所（Stanford Research Institute，简称 SRI）的产业统计框架，高尔夫产业已发展出庞大的产业链。这个产业链始于高尔夫设施，通过运营高尔夫设施来提供各种高尔夫运动服务和产品，它的主体产业包括高尔夫设施运营、高尔夫球场资本投资、打球者的产品消费，以及媒体、赛事、协会和慈善等。高尔夫运动功能的拓展还带来了更多的相关产业的发展，比如高尔夫旅游业和房地产业（见图 6-1）。

根据这个统计框架，SRI 测算出 2005 年美国高尔夫产业创造的产值大约为 760 亿美元，包括来自主体产业的 430 亿美元和相关产业的 330 亿美元。相比 2000 年全美高尔夫产业产值 620 亿美元，五年间增长了 138 亿美元，年均增长 4.1%（见表 6-2）。到 2011 年，美国高尔夫产业的产值略有下降，为 688 亿美元。

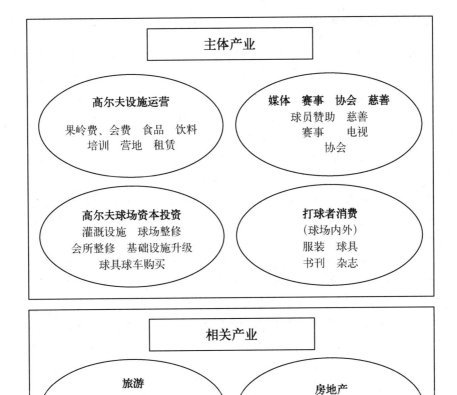

图 6-1 美国高尔夫产业群

（资料来源：SRI International 2002）

表 6-2 美国高尔夫产业产值分类 单位：百万美元

年份	2000	2005	2011
高尔夫设施运营	20 496	28 052	29 852
高尔夫球场资本投资	7 812	3 578	2 073
打球者消费	5 982	6 151	5 639
赞助、赛事和协会	1 293	1 682	2 045
慈善	3 200	3 501	3 900
高尔夫房地产	9 904	14 973	4 745
高尔夫旅游	13 480	18 001	20 555
高尔夫经济总量	62 167	75 938	68 809

数据来源：The 2011 Golf Economy report：executive summary ［R］. Golf 20/20, 2012：3-4.

二、全球高尔夫产业发展

高尔夫运动从一项普通的体育运动发展成为一项重要的产业经历了漫长的过程。真正标志着高尔夫商业化运作开始的是 1744 年 Gentlemen 高尔夫友公司在苏格兰爱丁堡的成立。1754 年圣安德鲁斯高尔夫友会成立,威廉四世期间该球会更名为"圣安德鲁斯皇家古老高尔夫俱乐部",因为有着皇室的参与和支持,这个俱乐部渐渐在高尔夫界取得领导地位,其所制定的打球规则也成为高尔夫比赛裁判的准绳,并沿用至今。后来,越来越多的高尔夫俱乐部和职业球手在英伦半岛出现,各种高尔夫赛事的举办助推了这项运动的职业化和产业化发展。1860 年,当今"全球四大高尔夫赛事"之一的英国高尔夫公开赛开始在苏格兰举办。17 世纪,高尔夫运动传入美洲。1873 年,加拿大成立了蒙特利尔皇家高尔夫俱乐部,它是美洲第一个永久性高尔夫俱乐部。1894 年,美国高尔夫协会(USGA)成立,它的成立对于高尔夫产业的形成具有深远的意义。USGA 成立的初衷是组织美国高尔夫赛事,后来它逐渐与圣安德鲁斯皇家古老高尔夫俱乐部一起,成为世界高尔夫产业的领导者。

在高尔夫产业形成的过程中,有多种因素起着重要的作用:技术的进步和社会的变革、市场需求的迅速扩大、高尔夫运动本身的功能和特点、高尔夫赛事对其相关产业的带动等等。这些因素使高尔夫产业的附加值不断增加,各种各样的产业组织形式纷纷出现,并逐步形成以高尔夫球场为核心的产业链,包括高尔夫球场运营、高尔夫赛事、高尔夫旅游、高尔夫中介、高尔夫传媒、高尔夫球场建设和高尔夫球具服装生产等。

(一) 欧洲高尔夫产业的发展

作为高尔夫运动发源地的欧洲,有着高尔夫运动的传统,目前仍然是世界高尔夫产业最发达的地区之一。其中,英国和瑞典的高尔夫产业最为成熟,高尔夫人口占总人口比例都在 5% 以上。到 2008 年,欧洲共有高尔夫人口近 1 100 万,已建球场约 6 000 座。英国高尔夫运动人口约 500 万,全英共建高尔夫球场 2 500 座。瑞典已建高尔夫球场 490 座,全国 900 万人口中就有 60 万高尔夫人口。高尔夫运动在法国也有很长的发展历史,1856 年,法国第一座高尔夫球场建立于波城(Pau),这座球场也是欧洲大陆上的第一座高尔夫球场。但是,在其后的很长一段时间内高尔夫产业在法国并不发达,到 1980 年法国仅有 120 座高尔夫球场,高尔夫运动在法国仅位列第七大运动。近年来法国高尔夫产业发展速度非常快,到 2008 年球场数量已猛增到 610 座。

(二) 北美高尔夫产业的发展

到 2008 年,美国高尔夫运动人口超过 4 000 万,约占美国总人口的 13.3%,上至总统,下至平民百姓都会以参与高尔夫运动为乐趣。2011 年,美国高尔夫产业的产值高达 688 亿美元。2008 年全美已建高尔夫球场超过 17 179 座,在这些球场中,绝大多数是对公众开放的"daily fee"球场和市政场,而对会员开放的私人球场仅占 30% 左右,而且前两种球场的增长速度明显快于私人球场。可见,高尔夫运动在美国已经基本上是一项大众化的体育运动。

自 20 世纪初以来,依靠较高的经济发展水平和丰富的土地资源,以及与美国毗邻的地理优势,加拿大的高尔夫产业也取得了迅速的发展。到 2005 年,加拿大已建高尔夫球场超过 4 000 座,当年共有 595 万加拿大人参与了高尔夫运动,与 2001 年相比,这个数字增加了 21.6%。创办于 1904 年的加拿大公开赛是美巡赛之一,与美国公开赛、英国公开赛并称为世界三大古老赛事。

(三) 非洲高尔夫产业的发展

西方资本主义早期的殖民扩张使得高尔夫运动在非洲和亚洲逐渐发展起来。以南非

（400多座高尔夫球场）为代表的部分非洲国家凭借较好的气候条件、丰厚的土地资源以及旅游资源,不仅使高尔夫产业得到了一定的发展,同时带动了旅游业的发展。但受到经济发展水平的限制,非洲多数国家的国内市场需求很低。

（四）亚洲高尔夫产业的发展

亚洲自20世纪70年代以来,逐步成为全球高尔夫产业发展最快的地区。日本的国土面积不足38万平方千米,地少人多的日本到2008年已建有高尔夫球场2 344座、高尔夫练习场6 000多座,2005年日本高尔夫产业的产值达160亿美元,全国约有高尔夫人口2 000万,平均不到10个日本人就有一个人去打高尔夫。在土地资源稀缺而人口密度高的日本,由于球场少而打球的人太多,并且受气候影响,球场开放时间短,造成球场供不应求。但这并未影响日本人对高尔夫运动的热爱,他们中的许多人走出国门,脚步遍及亚洲乃至全球。亚洲的其他国家和地区虽然高尔夫运动发展较晚,但发展速度很快。韩国到2003年有近200座高尔夫球场,消费者主要来自本国,但由于受自然条件限制,韩国高尔夫产业发展空间有限。泰国有高尔夫运动发展的优越自然条件,发展速度自20世纪80年代中期开始加快,投资者大多有政府背景,到2003年大约已建成200座球场。泰国的高尔夫球场主要是作为旅游资源进行开发,本国的高尔夫爱好者并不多。中国的香港、澳门和台湾地区也是亚洲高尔夫产业较为发达的地区,但受土地资源限制,球场数量有限。目前值得关注的是越南,近年来,越南开始发展高尔夫产业,主要是为了开发旅游资源,与泰国不同的是,越南的高尔夫球场发展商主要是外国投资者,其中包括中国的投资商。

（五）国际高尔夫产业的发展态势

从全球范围看,美国、加拿大等国的高尔夫产业发展的国内市场需求已经趋于饱和,尤其是美国在2000年后高尔夫球场的市场需求增长乏力,仅2001年、2005年和2006年出现小幅增长,其他年份的打球场次均出现下滑。

欧洲、日本和韩国的高尔夫运动十分发达,市场潜力仍然很大,但受到自然条件限制,本国的高尔夫球场建设已经没有空间。非洲一些国家受经济发展水平限制,高尔夫产业在近期不会有很大发展。和中国传统文化相近的亚洲文化由于与高尔夫文化具有共融性,随着亚洲和中国的经济发展,全球高尔夫产业发展的重点已移向亚洲,未来发展的热点将会在中国。

三、中国高尔夫产业

尽管现代高尔夫运动早在清末民初就已传入中国内地,在几个主要城市也出现了一些高尔夫俱乐部,但是毕竟打球者寥寥,从规模上来看,当时的中国高尔夫运动还远未形成一项产业。新中国成立后,土地收归国有,高尔夫球场全部改作他用,高尔夫运动也因此中断,直至改革开放。从改革开放后至今中国高尔夫产业的发展历经三个重要的阶段。

（一）随着开放政策利好,招商引资需要,开启高尔夫产业初级阶段（1984—1994）

改革开放后,高尔夫运动在中国重新开展起来。1983年,高尔夫被列入1990年北京亚运会的正式比赛项目,其时也正值中国改革开放的初期,一些有识之士认识到开展高尔夫运动对于改善投资环境具有一定的作用。正是在这种背景下,高尔夫运动在各地逐步开展起来。1984年,原国家体委发布了《关于率先在北京、河北、广东等地开展高尔夫运动的通知》。1984年8月中国第一家高尔夫俱乐部——中山温泉高尔夫会开业。1985年5月24日,经原国家体委批准,中国高尔夫协会在北京成立。同时,北京、河北、深圳、珠海、天津等地也开始了高尔夫球场的建设和高尔夫人才的培养。

高尔夫运动在重新进入中国内地后,从一开始就走上了一条市场化的道路,出现了一批以高尔夫俱乐部为经营模式的企业。从1984年第一家高尔夫球会成立到1994年,中国(不包括港澳台地区)建成投入使用的高尔夫球场共28座,包括北京国际高尔夫俱乐部、北京高尔夫俱乐部、北京乡村高尔夫俱乐部、北京朝阳广济堂高尔夫俱乐部、天津国际温泉高尔夫俱乐部、上海国际乡村高尔夫俱乐部、深圳高尔夫俱乐部、深圳宝日高尔夫俱乐部、珠海国际高尔夫俱乐部和中山温泉高尔夫球会等,其中北京朝阳广济堂高尔夫俱乐部是9洞的城市球场。至此,中国高尔夫产业初步形成。1994年,全国球场接待打球者15.6万人次,高尔夫球场总收入9 200万元,但是整体经营绩效不佳,亏损额约为2 200万元。

这一阶段,多数高尔夫俱乐部都享受了政府的一些尝试性优惠政策,例如从企业性质看,除北京乡村高尔夫俱乐部是完全由中国企业投资外,其他俱乐部都采取了中方出土地、外方出资金并负责修建和管理以及会员证的销售这样一种中外合作的方式。其中,日本公司投资的居多。在最初的10家球场中,除了北京乡村高尔夫俱乐部和中山温泉高尔夫球会,其他球场都引入了日资。

政府希望通过建设高尔夫球场来改善某些地区的投资环境,增强招商引资能力。当时来中国内地投资的主要国家和地区有美国、日本、韩国以及中国香港和台湾地区,还有欧洲一些国家,这些国家和地区的高尔夫产业都比较发达。由于文化以及经济条件的原因,外商十分热衷于高尔夫运动,他们常常把打高尔夫视作提高生活质量、改善工作和生活环境的有效方式。此外,一些跨国公司的工作人员和国际组织驻华代表所享有的一项福利就是打高尔夫。可以看出,改革开放初期我国改善投资环境,大量吸引外资是高尔夫运动在中国重新开展的主要因素之一。

（二）国民经济高速增长,休闲生活需求带动高尔夫产业快速发展阶段（1995—2003）

中国自1992年确立社会主义市场经济的改革方向以后,国民经济一直持续高速增长,每年的经济增长率都在7%以上。有资料显示,中国高尔夫球场建设数量在1995年出现了快速增长的拐点。到2001年底,中国内地建成的高尔夫球场达到144座,高尔夫人口约15万人。2003年,中国内地已开业的高尔夫球场有186座,广泛分布于除西藏、青海、甘肃、宁夏以外的其他省、市、自治区和直辖市。2003年,全国球场接待打球者273万人次,高尔夫产业总产值达到16.2亿元。

从投资结构上看,这一阶段中国高尔夫球场的投资结构开始向多元化发展。美国、马来西亚、泰国、新加坡的企业开始向中国的高尔夫球场建设投入资金,国内的投资商也开始涉足高尔夫球场的建设,并逐渐成为重要的投资主体。国内的高尔夫球场设计、建设和管理也开始逐步发展。从消费人群看,越来越多的中国人开始成为球场的顾客。以北京国际高尔夫俱乐部为例,2002年打球的总人数中,中国籍打球人数占到总人数的42%,2003年迅速增长至23 780人次,占总人数的58%。北京高尔夫俱乐部2003年打球总人数为19 000人次,中国人的比例超过53%。2004年开业的北京鸿华高尔夫俱乐部的近300名会员中,外籍会员只有两位,其余全部是中国人。

中国高尔夫产业的快速发展有力地推动了区域经济的发展,例如名列全国县市经济实力500强前列的广东东莞和江苏昆山等经济发达地区,都是高尔夫产业最具发展活力的区域。深圳的观澜镇以前被称为深圳的"西伯利亚",这里交通不便,经济落后,长期属于深圳招商引资的"老大难"地区。观澜湖球会建成以后,观澜镇的经济迅速崛起,除了球场给当地带来直接的经济收益外,还吸引了大量投资者到观澜镇创业,至2002年,当地的日资企业由3家增长到16家,台资企业更是上升到85家。

（三）野蛮增长后让高尔夫产业发展陷入困境（2004年至今）

在中国经济体制改革过程中,高尔夫产业的快速发展也出现了一些问题,这些问题引起了政府相关部门和理论工作者的广泛关注和深刻反思。政府从经济、社会的可持续发展角度出发,对高尔夫产业出台了一系列限制型政策,从2003年开始对高尔夫产业控制项目审批,严格审批程序,取消各种优惠政策,提高营业税率等。2003年底国土资源部发布的(国土资发[2003]388号文件)《关于进一步采取措施落实严格保护耕地制度的通知》指出:"对不符合国家产业政策的项目,不切实际的形象工程政绩工程项目、别墅项目、高尔夫项目,一律不得报批用地。"2004年国务院办公厅(2004年1号文件)《关于暂停新建高尔夫球场的通知》指出:"我国高尔夫球场建设将暂缓立项和审批。"2006年12月12日,国土资源部和国家发展改革委联合发布实行了《限制用地项目目录(2006年本)》和《禁止用地项目目录(2006年本)》。在《禁止用地项目目录》中首次增加了别墅类房地产开发、高尔夫球场、赛马场项目。按照财政部和国家税务总局颁布的消费税政策,2006年4月1日起高尔夫及球具消费还将征收10%消费税。尽管面临着一系列政策性限制和风险,高尔夫产业的发展速度却不降反升,5年时间全国标准高尔夫球场数量增加了一百多座。截至2008年底,中国内地已经建成投入使用的高尔夫球场达300座,除这些高尔夫球场附带的高尔夫练习场外,还有各类独立经营的高尔夫练习场302座。2008年,全国高尔夫消费人群已超过200万人,高尔夫人口约150万人,全国球场接待打球者600万人次,高尔夫产业总产值43亿元人民币。

(四) 中国高尔夫产业结构

与高尔夫产业发达国家相比,中国高尔夫产业发展历史较短,产业链的延伸和下游产品的开发刚刚起步。以高尔夫运动、高尔夫旅游和高尔夫赛事三个子产业为主。可以分为主体产业链与相关产业链两个部分(见图6-2)。

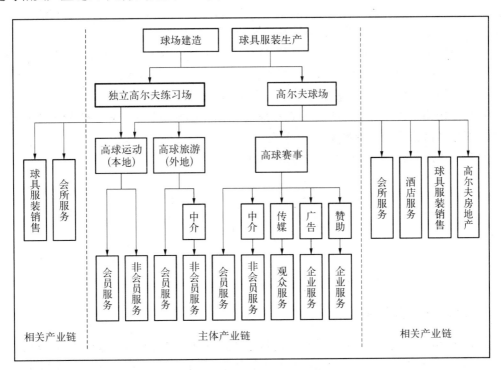

图6-2　中国高尔夫产业链体系

(资料来源:詹新寰.中国高尔夫产业发展研究——基于SCP框架的分析[D].北京:北京体育大学硕士学位论文,2009:1-5)

拓展阅读

2018 年高尔夫产业报告

　　世界高尔夫基金(World Golf Foundation)在 2018 年 4 月份的美国高尔夫日(National Golf Day：4 月份的最后一个星期三)到来之际发布了一份高尔夫经济报告。这份报告针对高尔夫球场、高尔夫用品及服装销售、高尔夫不动产、高尔夫观光、高尔夫比赛及选手赞助、高尔夫赛事等几个方面对高尔夫产业进行了全方位的统计调查。这份报告是美国议会以及行政机构进行相关立法的重要参考资料，每 5 年发布一次，具有很强的权威性。

　　根据这份报告，美国高尔夫人口为 2 400 万名，和 2011 年相比基本没有发生变化，但是高尔夫产业的经济规模在 2016 年达到了 841 亿美金，比起 2011 年的 688 亿美金增长了 22%。以高尔夫产业平均每年 4% 左右的增长率来推算，2018 年美国高尔夫产业的经济规模或将超过 900 亿美元。根据这份报告，如果算上间接经济效果，美国高尔夫产业的规模可以达到 1 919 亿美金。虽然和 5 年前相比，球场数量减少了 737 个，销售额却增加了 2.4%。在美国的高尔夫产业中，15 000 个球场的销售总额为 333 亿美金，占据了该产业的主要比重。高尔夫观光业则以 258 亿的经济规模名列第二位。和 2000 年时的统计相比，这个数字基本上增加了 2 倍，这说明美国人离开自己的居住区域到其他地区打球的人越来越多，和高尔夫相关的旅游业正处在一个繁荣发展的时期。

　　高尔夫球场施工以及相关不动产产业的规模为 72 亿美金，高尔夫服装及装备用品的经济规模为 60 亿美金。和高尔夫相关的不动产产业在 2000 年的时候为 84 亿美金，2005 年增长到了 116 亿美金，随着金融危机的到来，2011 年的时候跌落到了 24 亿美金，而这次调查则显示 2016 年的高尔夫不动产行业又有了小幅度的攀升。

　　报告显示，美巡赛(PGA)、女子美巡赛(LPGA)的赛事以及选手赞助规模为 24 亿美金，以高尔夫为媒介的慈善基金为 30 亿 4 400 万美金。美国和高尔夫相关的工作岗位为 189 万个，而因为这些岗位发生的工资以及福利支出总计为 587 亿美金。

　　另外，美国高尔夫球场中 75% 为大众化球场，有超过 80% 的高尔夫爱好者使用过大众化球场，美国球场打球果岭平均收费为 39 美金。

　　资料来源：《美国高尔夫产业报告》世界高尔夫基金。

第二节　高尔夫产品制造业

　　高尔夫运动的发展，高尔夫爱好者、运动员水平的提高离不开高科技的球具用品的制造和越来越有挑战性、娱乐性的球场的设计与建造。

一、高尔夫球具用品

　　高尔夫用品业是高尔夫产业的重要组成部分。美国球具市场占到全球市场的 50%，是世界第一大市场。欧洲其次，欧盟占整个世界市场的 38%，是世界第二大市场，其中英国占据欧盟 30% 的高尔夫用品市场份额，是欧盟最大的高尔夫用品市场。第三位是亚洲国家，以日本、韩国和中国为主，是全球增长最快、最具发展潜力的地区。高尔夫用品是高尔夫爱好者在高尔夫练习、竞技和比赛过程中所使用到的所有物品的统称。参照《国民经济行业分类》(CB/T4754 - 2002)并结合西方发达国家的体育用品分类方法,我们把体育用品制造业分为五大类,即球类制造、体育器材及配件制造、训练健身器材制造、运动防护用具制造及其他体育用品制造。高尔夫用品包括高尔夫服装、高尔夫鞋、高尔夫手套、高尔夫球帽、高尔夫球杆、高尔夫球、高尔夫仪器、高尔夫辅助练习设施和用品、高尔夫其他配件、防护用品(如太阳镜、袖套、伞)等。

2009 年,国务院《关于加快发展旅游业的意见》(国发〔2009〕41 号)提出,大力培育发展具有自主知识产权的休闲、登山、滑雪、潜水、探险、露营和高尔夫等各类户外活动用品及宾馆饭店专用产品。可见,国家支持和鼓励高尔夫用品发展。高尔夫球具用品产业随着高尔夫运动的普及得到快速发展。近几年来,我国高尔夫用品产业保持强劲的发展势头,产业规模呈20%~30%的高速增长,中国已成为世界高尔夫球具用品主要的生产加工基地,成为高尔夫用品的生产制造大国。

(一) 高尔夫球具产品特征

1. 高尔夫产品更新周期越来越快

随着科学技术进步,新材料、新工艺的应用,产品的生命周期缩短。球具的研发周期从过去的十几年到 5 年逐渐缩短至 2 年甚至 1 年,推陈出新的速度越来越快。例如 Taylormade 泰勒梅 M 系列的球杆从 2015 年底推出 M1 系列,2016 年推出 M2 系列,到 2019 年初 M6 系列面世。

高尔夫球具的使用周期一般是 3 年以内,消费者购买木杆的数量较多,用过 3 支及以上木杆的高尔夫爱好者达到 70%。推杆的耐磨性强,耐用时间长,有将近 40% 的消费者用到 3 年及以上。铁杆虽然耐磨耐用,但是因技术水平的提高,部分消费者还会经常更换球杆或者增加套杆。服装的推新周期更短,T 恤半年到 1 年内即会换的就有 36.4%,尤其大品牌的耐克、阿迪达斯,还有专营高尔夫服装的品牌,每季都会推出新品。

2. 产品差异化趋势

尽管产品具有不完全替代性,但产品的独特设计能使消费者产生特殊偏好,使其将该产品与其他竞争性企业提供的同类产品有效地区别开来,从而可以使企业在市场竞争中占据有利地位。无论木杆、铁杆,还是挖起杆、推杆,产品差别化是一种非常有效的竞争手段。产品差别主要包括产品的物理性差别,如材料、外观、设计、结构方面的差别等。产品差别对其功能均有不同程度的影响。企业通过产品差异化扩大市场所占份额,使市场集中度上升。

3. 高尔夫球具品牌化

美国高尔夫品牌卡拉威(Callaway)、泰勒梅(Taylor Made)、高仕利(Acushnet)、PING 以及克里夫兰(Cleveland),日本高尔夫品牌美津浓(Mizuno)、登禄普(Dunlop)、普利司(Bridgestone)、本间(Honma)及宝基亚(PRCR)等国际品牌占据约 90% 的中高档市场份额。国际上知名的高尔夫用品公司凭借自身的品牌优势和强大的营销网络,牢牢占领了我国市场。目前我国高尔夫用品市场销售的 85% 的产品都属于品牌产品。国际品牌大多走高端品牌路线,其优势主要集中在国际品牌效应、科技研发等方面,并且在供应链管理以及终端销售等方面体现出明显优势。国际知名品牌企业准确地把握了中国高尔夫市场和消费的特点,针对中国高尔夫消费的特点有效地开展了营销活动。在我国高尔夫球具市场,无论高端品牌,还是二线品牌,几乎都被国外品牌所垄断。这些高尔夫国际品牌不断通过各种方式和手段来扩张自己的市场占有率,从而使容量不大的中国高尔夫球具市场逐渐膨胀并高速增长。

4. 高尔夫球具市场兼并趋势

国际知名高尔夫用品企业强大的品牌优势和集约化的经营模式,使得行业集中度不断提高。近年来,市场集中度出现了越来越高的发展趋势,每个品牌都在球具、球等方面让产品多元化。以企业的经济基础为支撑,通过兼并重组,实现规模经济效应,增强了企业的综合实力,促进了行业内部的明晰分工。例如,泰特利斯(Titleist)收购眼镜蛇(Cobra)后主营中低端市场;斯伯丁(Spalding)收购本·霍根(Ben Hogan)后主营高端铁杆市场;卡拉威收购斯伯丁来扩大市场份额。彪马(PUMA)也开始进入高尔夫市场,并购了高仕利旗下的蛇王(King Cobra),高仕利便集中资源发展泰特利斯和福特乔(Foot Joy)。当今世界两大体育用品企业耐克、阿迪达斯,凭借自身的资金实力和品牌优势强势介入高尔夫用品领域,著名球员泰格·伍兹、麦克罗伊成为耐克的代言人,很遗憾的是耐克高尔夫在2016财年营收7.06亿美元,连续第三年下滑,创下自2012年以来的最低值。同时,在耐克高尔夫中球具、球包、球的销售只占份额的10%,更多的是高尔夫服装、高尔夫球鞋,2016年8月全球品牌总裁特雷沃·爱德华兹表示耐克将退出球杆制造,专注于高尔夫球鞋与服装,目标是"成为高尔夫鞋、服装行业无可争议的领导者"。

二、中国高尔夫球具制造产业

(一)世界品牌球具加工厂

欧美发达国家的高尔夫品牌企业,只专注于产业链的两端,利用自己的资金、技术和品牌优势,从事高附加值的设计和研发,把主要精力放在产品的技术开发、品牌的推广和产品营销上。在高尔夫用品的国际化和产业全球化趋势背景下,国家或地区之间按照比较优势进行分工。外商控制着技术、品牌、市场,我国主要是依靠劳动力资源及丰富的原材料等方面的优势,吸引了世界高尔夫用品制造企业纷纷把工厂移到中国。排在世界前十的高尔夫用品品牌企业,如泰勒梅、卡拉威等都在我国广东、福建等地设厂。高尔夫球具国际品牌云集中国,把中国的高尔夫球具制造业推向了前所未有的高速成长期。据统计,全球70%~80%的高尔夫球用品都是在中国生产的。从产业规模来看,中国是高尔夫用品生产和出口第一大国,成了名副其实的国外品牌的加工基地。

(二)球具处于低附加值的加工阶段

我国高尔夫用品企业从事技术含量低的劳动密集型加工和组装工序,处于价值链的底端,附加价值低且缺乏自主知识产权,而在两端的研发设计和品牌营销环节能力非常薄弱。我国高尔夫用品加工企业创新能力不强,涉及"高精尖"等附加值高的产品几乎没有。原因是我国高尔夫用品制造业发展时间较短,企业规模太小,无法投入大量资本来承担高额的科技研发,造成我国高尔夫用品科技含量低,新材料、新工艺应用少。

(1)企业给国际大品牌做贴牌生产的代工,称作贴牌生产或原始设备制造商(Oiginal Equipment Manufacturer,OEM)。即按照原品牌单位的委托合同进行产品的生产和开发,用原品牌单位的商标,由原品牌单位进行产品经营或共同经营的代工方式。这种方式的特点是:贴牌企业本身不掌握核心技术,没有自己的品牌,只挣得加工费。由于一线品牌给予足够的利润空间,这些厂商一般不做二线品牌的订单或者国内自有品牌的生产。目前,我国的高尔夫用品有一半以上采用这种生产方式。

(2)原始品牌制造商(Original Brand Manufacturer,OBM)。即生产厂商在一些非主流产品上为别人做贴牌生产的同时,还自己创立品牌并进行经营,如高尔夫球、辅助练习设备等,逐步开辟市场,扩大产品的知名度。目前我国尚未具备在球杆等主流球具上进行开发的技术实力。

（3）国内体育用品自主制造商。随着我国经济的高速发展,工资、地价、原材料、能源价格不断上涨,无疑增加了企业成本负担,削弱了价格优势。这对于出口依存度较高的高尔夫用品企业来说,无疑增加了出口成本,导致企业成本优势逐步弱化。外商企业纷纷把工厂转移到成本更低的东南亚国家。我国部分高尔夫用品企业,试图在品牌、价格以及产品的市场占有率等方面进行尝试。但目前在高尔夫球具市场,尚未形成具有市场认可度的中国品牌。

（三）球具科技创新能力缺乏

各大品牌的市场竞争最终是核心科技、技术专利的竞争。我国高尔夫用品产业经过近20年的发展,在技术、产品、材料方面已经取得一定的成效,在自主研发方面也做出了一些尝试和探索。然而,国内大多数高尔夫球具公司没有核心产品支撑,缺乏必要的技术研发投入,大多还处于模仿阶段。与世界一流体育用品企业相比,国内企业的整体技术水平仍然比较低,尤其是在产品设计及品牌运作方面差距更大。科技水平已经成为制约中国高尔夫用品行业发展的主要障碍。

我国高尔夫用品企业要站在全球的高度,跟踪国外同行业的技术发展动态,及时掌握技术最新信息,并通过企业自主创新,引入外部技术力量进行技术研究,开发新材料、款式、功能设计等专利技术,强化标准化制造工艺,逐步缩短与世界领先企业之间的技术差距,带动企业的技术进步和升级。

（四）缺少本土化知名品牌

高尔夫用品尽管有很大一部分的产品标着"Made in China"（中国制造）的字样,但都是为国外品牌代工,我国自主品牌在国际市场上的份额很低。我国高尔夫用品企业产品因为市场知名度低,实力弱,不被消费者认可。国内企业与经销商合作时处于不利地位。在选择经销商方面,选择小型经销商进行渠道推广会面临其产品推广能力低,对终端的开发、维护能力弱的矛盾;选择大型经销商进行渠道推广,有可能不被这些经销商所重视,通常会抬高进入门槛而提出市场准入条件,如赊销、货款垫资、宣传促销、降价、退货无限制等,这些条件无形中增加了企业成本。

2006年,国家税务总局《关于调整和完善消费税政策的通知》财税〔2006〕33号文件指出,高尔夫球及球具的税率为10%。本税目征收范围包括高尔夫球、高尔夫球杆、高尔夫球包（袋）、高尔夫球杆的杆头、杆身和握把。这些政策有利于国内球具企业的技术创新,不断推陈出新,改进质量,拉近品牌与顾客的距离,逐渐地引导顾客认同国产品牌。

（五）高尔夫球具企业集聚趋势明显

我国高尔夫用品企业的地域分布主要集中在广东、福建、浙江等东部沿海经济相对发达的地区,占到全国企业的约90%。近年来,高尔夫用品企业集群效应日趋明显,如广东塘厦镇聚集了150多家高尔夫球具用品生产企业,据2017年塘厦高博会数据,塘厦镇高尔夫产业年产值超过22亿元。形成了集高尔夫运动用品研发、设计、生产、展销、交易等于一体的相对完整的产业链,生产高尔夫球、球杆、球头、球套、球衣、球帽、球鞋、手套等高尔夫运动用品。集"中国高尔夫产业名镇""中国高尔夫产业基地""世界高尔夫名镇"等众多荣誉于一身的塘厦已完成了向高尔夫全产业链发展,成为全球高尔夫生产企业集聚度最高的区域。

世界高尔夫名镇——塘厦

高尔夫作为塘厦响亮的城市名片,创新始终伴随着高博会成长,从产业到展会,再到城市品牌,高博会知名度和影响力正逐年提升。

高博会从2009年举办首届以来,2020年已是第十二届,完成了从"政府邀请"到"展商抢占"展位的实质转变,构建了"展会+赛事+论坛活动"的展会主体,实现了从依靠本地企业参与到全国、全世界聚焦的跨越,成为华南区最具规模和影响力的高尔夫行业盛会。

随着中国休闲经济的深入发展,高尔夫正以其独特的运动魅力吸引越来越多爱好者的参与,其中青少年高尔夫人群的增长更是迅猛。这为高尔夫运动在中国的普及与发展注入了"新鲜血液",也为高博会的重启夯实了市场基础。

一直以来,塘厦镇委、镇政府都十分注重青少年高尔夫教育。2014年,塘厦镇就在塘厦初级中学和塘厦中心小学设立高尔夫教育试点,以兴趣班形式进行教学;从2020年9月起,塘厦镇又在水霖实验和水霖学校两所民办学校开展高尔夫教育,实现公民办中小学校高尔夫教育全覆盖。目前,塘厦镇的高尔夫教育已持续开展了六年,公民办中小学高尔夫普及人数超1万人次。

塘厦镇镇长叶惠明表示,伴随塘厦高尔夫产业的发展,高博会已发展为国内具有影响力的高尔夫博览盛会,已成为引领中国高尔夫产业发展的风向标。随着从代工贴牌到自建品牌蜕变,高尔夫企业也更看好国内市场,并针对国内市场需求研发新产品。踊跃参加塘厦高博会,也成为塘厦多家高尔夫企业提升品牌、打开国内市场的渠道之一。

"塘厦镇拥有完整的高尔夫产业链,企业众多,这样一来自然受到国外企业的青睐。"塘厦镇分管高尔夫的相关负责人表示,2020年1—10月,全镇高尔夫产业产值19.43亿元,同比增长7.5%。相关数据显示,高尔夫产业一定程度上带动了塘厦镇的房地产、酒店、旅游、商贸等相关第三产业发展。

资料来源:塘厦高博会。

第三节　世界著名高尔夫球具品牌

一、泰勒梅(TaylorMade)

泰勒梅-阿迪达斯高尔夫处于全球高尔夫球装备供应商领导地位,产品包括高尔夫球杆、球、服装、鞋和配件。1979年,盖瑞·亚当斯(Gary Adams)与斯考夫斯克(Skrovonsky)成立了泰勒梅(TaylorMade)公司,并借由匹兹堡·帕西蒙(Pittsburgh Persimmon)不锈钢金属木杆打响泰勒梅名号,创造了泰勒梅连续年成长200%~500%的销售传奇。泰勒梅将木杆从"木质"时代带入"金属"时代。阿迪达斯集团于1999年收购泰勒梅,随后又在2002年兼并麦克斯里(Maxi),形成了三个品牌的分工并各具优势。阿迪达斯专注高尔夫衣物、球包,泰勒梅主要在高尔夫球杆方面发挥优势,麦克斯里专做高尔夫球及配件。此外,泰勒梅-阿迪达斯高尔夫收购了亚当斯(Adams)高尔夫,使公司以此品牌推出新的球具。2005年,泰勒梅-阿迪达斯终结了长达 10 年的代理时代,直接进入中国,组建阿迪达斯-泰勒梅(中国)公司。通过拓展分销渠道、完善分销体系来达到开拓中国市场的目的。泰勒梅-阿迪达斯高尔夫成为全球最大且赢利情况最好的高尔夫球具、服装及鞋类制造公司。2013 年第一季度,该公司高尔夫各品类产品销售额均获得显著增长,其中木杆增长 8%,铁杆增长 35%,高尔夫球增长 1%,鞋类增长23%。从区域来看,美国市场占据了泰勒梅-阿迪达斯高尔夫将近一半的全球销售份额,市场销售额较上年同比增长高达 21%。泰勒梅-阿迪达斯高尔夫在高尔夫球具、鞋类和服饰等领域不断扩张。可惜好景不长,2014 开始整个高尔夫行业萧条,泰勒梅几乎每一季度的业绩都以双位数暴跌,到了 2015 年,即便阿迪达斯集团整体表现迅速回暖,但高尔夫业务仍然没有复苏的迹象。2015 年泰勒梅的营收依旧暴跌 25%;特别是阿迪达斯集团在 2016 市场增长 22%,品牌的整体形势这么好,泰勒梅却依然在往下走。最终在 2017 年 5 月 11 日,阿迪达斯正式以4.25 亿美元(约合 3.3 亿英镑)的售价将旗下运营状况不佳的高尔夫球业务出售给英国投资公司 KPS Capital Partners,其中包括泰勒梅(TaylorMade)、亚当斯(Adams Golf)以及雅狮威(Ashworth)三个品牌。

二、高仕利(Acushnet)

高仕利(Acushnet)公司隶属于美国富俊公司(Fortune Brands Inc.),在纽约证券交易所上市。公司在 1910 年成立,不久以马萨诸塞州高仕利(Acushnet)镇命名为高仕利加工公司(Acushnet Process Company),以采银菊胶(guayule)树脂制造橡胶为主。在 20 世纪 60 年代最后改称为高仕利(Acushnet)公司。该公司在 1930 年建立了高尔夫分部。当时,高尔夫球制造技术不成熟,常常出现核心偏离中心的圆外壳。为了制造出比同时代的高尔夫球更好的球,1985 年,高仕利收购福特乔(Foot Joy),并在 1966 年兼并眼镜蛇(Cobra)高尔夫公司。该公司有五条产品线(高尔夫球、球杆、球鞋、手套及配件)与四大品牌泰特利斯(Titleist)、福特乔(Foot Joy)、眼镜蛇(Cobra)和品尼高(Pinnacle)。泰特利斯(Titleist)品牌的高尔夫球,特别是ProV1(俗称 392)和 Pro VIX(俗称 332)被认为是世界上最好的高尔夫球,价格昂贵却非常抢手。该公司高尔夫球在世界市场份额排名第一,包括在巡回赛的使用率及球场或非球场专卖店出售的高球数。除高尔夫球外,主要针对职业选手的泰特利斯(Titleist)品牌球杆也颇受市场欢迎,挖起杆具有较高的知名度。公司的产品主要通过球会专卖店、非球会高尔夫用品专卖店和一些体育用品店进行销售。2005 年收入就超过了 12.6 亿美元。

三、卡拉威(Callaway)

艾利·卡拉威(Ely Callaway)在 1982 年创立了卡拉威(Callaway)高尔夫公司,公司宗旨为使高尔夫运动"优异并愉悦"。当时主力产品是推杆及挖起杆。1997 年卡拉威公司收购了高尔夫界最著名的推杆制造商奥德塞(Odyssey)运动公司。卡拉威携手兰博基尼,开创锻造复合材料(Forged composite)。Forged Composite TM 是其所使用过的一种最轻、最强、最精确的材料。Forged Composite TM 的密度是钛的 1/3,但具有更大的单位质量抗弯承载能力,达到了之前无法实现的精确度。奥德塞成为推杆第一品牌,拥有最多科技含量、最多型号和最多选择组合,使其巡回赛使用率第一、销量第一、市场份额第一。2004 年,通过公开投标收购了塔普弗莱特(Top Flite)公司,与麾下的本·霍根(Ben Hogan)一起成为卡拉威高尔夫的品牌之一。塔普弗莱特公司在高尔夫球的开发方面所拥有优秀的专利和设备,为卡拉威高尔夫公司的高尔夫球事业做出了很大的贡献,并在美国市场上取得了市场占有率第二名的佳绩。卡拉威高尔夫公司在全球10多个国家和地区生产和销售高尔夫球杆、高尔夫球和配件。

四、耐克高尔夫(Nike Golf)

1984年耐克开发首款高尔夫鞋"Air Linkster"。1996年与老虎·伍兹(Tiger Woods)签约,专门为老虎·伍兹定做服装。1997年老虎·伍兹以绝对优势获得名人赛最年轻的冠军,成功地代言耐克高尔夫服饰获得市场认可。鲍勃·伍德(Bob Wood)在1998年成为耐克高尔夫总裁后,公司才正式成立。同年,耐克公司重新定位品牌并推出全新的品牌盾形标志。1999年首款高尔夫球面世。2000年正式更换耐克高尔夫识别系统。2002年第一款高尔夫球杆问世,并在亚洲的日本、韩国、中国台湾以及欧洲成立分公司。沃斯堡(Fort Worth)研发中心、提加市(Tigard)球杆专属研发和定制化研发中心成立。

耐克高尔夫拥有高档休闲商务装、夹克、T恤、休闲裤、运动鞋、运动帽等系列服装产品。耐克高尔夫的服装系列包括三组。第一组是2003年推出的TW"老虎·伍兹"系列,包括鞋类、服装、高尔夫球杆和球。老虎·伍兹在每次比赛时都会展示该系列。该系列使用了"TW"的标志,所以非常容易和其他系列区别。中间组称为巡回赛经典(Tour Basic Collection)系列,在服装设计和面料上强调其功能性。第三组也称为巡回赛经典(Tour Basic Collection)系列,主要采用了快速排汗(DRI-FT)面料,在服装的设计裁剪上也比较简单。耐克高尔夫在面料的选择和工艺上,拥有防水型、保暖型、抗水型、快速排汗型等专利面料,采用人体结构组织法、智慧型凉爽气层科技、防晒、智慧型干爽气层科技、智慧型全防护气层科技等先进工艺精心裁制而成,因而具有高透气性、防太阳辐射、轻质保暖等特点。2006年耐克高尔夫服饰成为全球销量冠军,高尔夫球杆也取得一定市场地位。在球具方面,耐克高尔夫一开始就瞄准了高水准球手的需要。他们的做法是,先签约明星球手,然后根据他的需要去制造球杆。结合品牌巨大的市场资源,耐克高尔夫在市场推广上更显得心应手。过去10年,耐克高尔夫的服装、高尔夫球鞋的销量一直名列前茅,可惜的是高尔夫球具的销量没能达到预期效果,在2016年8月耐克宣布退出球杆制造,专注于高尔夫球鞋与服装,目标是"成为高尔夫鞋、服装行业无可争议的领导者"。

五、本间(Honma)

1958年1月,在横滨市鹤见区,本间兄弟携手开设了一所高尔夫球练习场。在一个练习场负责帮人修理球杆。后来从修理球杆慢慢演变成生产和制造球杆,并在1959年,创立了本间工厂,设计和制造本间牌高尔夫球杆。当时生产的本间球杆已经受到部分业余球手和大学生们的欢迎,口碑非常好,而使用球杆的球手也纷纷在日本各种类型的比赛中获胜。本间品牌知名度比美国的高尔夫品牌还要响亮。1962年,本间裕朗成功地试制出一支柿木发球杆。原材料是从美国进口的普通柿木,但经过工匠的精心制作,这种球杆具有独特的触感和清脆的击打声。此后,本间公司成为世界上唯一大量生产柿木杆的高尔夫球杆制造商,生意一直稳步上升,其产品也获得优秀球手的认同。最重要的是,本间这个品牌由此奠定了稳健的基础,并取得了国际声誉。1973年本间公司率先尝试使用碳素材料做杆身,并配合柿木杆头,成为全球第一家使用碳素材料做杆身的高尔夫球杆制造商。碳素材料的柔韧性使球手击球更远,立刻得到市场认可,产品销售获得了空前的成功。这成为本间高尔夫事业的重要转折点。本间公司的酒田工厂的面积达 50 万平方米,拥有熟练工匠 800 人,是世界上最大的高尔夫球杆制造工厂。本间公司的理念是"纯手工制作"和"一切不假他人之手"。所有本间牌球杆,从握把、杆身到杆头都是在同一家工厂内由技术熟练的工匠精雕细琢生产出来的。本间开创了球杆标星级的做法,星级的产品从 2 星到 5 星。星级产品系列开始是用两个并列的"H"(Twin Mark)作为商标,从 2006 年起则推出直接以"HONMA"为商标的 Beres 系列球杆产品。本间被豪华超级品牌委员会评为在香港最有名望的品牌,与宾利、劳斯莱斯、卡地亚等品牌齐名,成为世界上许多成功人士的标志或身份的象征,在高尔夫球具行业享有绝对崇高的地位。

六、克里夫兰(Cleveland)

罗杰·克里夫兰(Roger Cleveland)于 1979 年成立的克里夫兰高尔夫公司开始是以制造、销售仿古球杆为业务,以制造 20 世纪四五十年代的经典高尔夫球具的精美复制品而著称于世。罗杰出于各种考虑,最终于 1990 年把公司出售给当时世界最大的滑雪运动用品厂商金鸡(Rossignol)公司。在实力雄厚的新老板的支持下,克里夫兰高尔夫加大在研发上的投入,推出的 VAS 系列,曾引起业界轰动。随着其签约球手科里·帕维(Corey Pavin)赢得 1995 年的美国公开赛冠军,克里夫兰高尔夫的品牌形象进一步提升,并跻身一流球杆品牌之列。1996 年公司遭遇财政危机,格雷格·霍普金斯(Greg Hopkins)上任后扭转了品牌外形前卫的设计风格,回归传统球杆设计,在强调球杆先进技术应用的同时重视可打性和关注消费者的接受能力。这一改变让克里夫兰高尔夫重获生机,并开始广泛赞助赛事,获得职业球员认可。1997~2005 年,克里夫兰高尔夫的球杆销量增长了 5 倍。现在的克里夫兰高尔夫已跻身全球领先球杆品牌的行列。在挖起杆领域,克里夫兰高尔夫更是当之无愧的第一品牌。时至今日,该品牌仍是挖起杆制造领域的领头羊。2007 年 12 月,日本 SRI 体育公司,即日本住友橡胶工业集团(Sumitomo Rubber Industries Group)旗下的体育用品公司,收购克里夫兰高尔夫和 Never Compromise 公司,成为全球第四大高尔夫用品公司,并对营销机构进行重组。公司代言的球员包括维杰·辛格(Vijay Singh)、布·维克利(Boo Weekley)、乔·杜兰特(Joe Durant)、大卫·豪威尔(David Howell)等名将。日本 SRI 体育公司在全球范围内拥有多个高尔夫品牌,旗下品牌球杆及球的总销售额在日本稳居第一或第二位。现在,在克里夫兰高尔夫位于加州的总部,共有超过 320 位员工,其三个国际事业部(日本、欧洲、加拿大)在全球范围内有 26 个销售代理。该品牌在欧洲和北美市场拥有完善的销售网络。

七、美津浓(Mizuno)

美津浓由日本美津浓株式会社于 1906 年创立,经过一个多世纪的不断努力现已成为世界领先的运动器具、服装和鞋类生产商。产品几乎覆盖全部主要运动项目。美津浓公司 1931 年开始销售高尔夫球具,1933 年开始生产高尔夫球具。当年第一款日本产球具 SIAR LINE 美津浓上市。1936 年巡回赛(TOURNAMENT)铁杆上市;1956 年日本国产的最高级球杆——金牌(GOLD MEDAI)上市;1962 年面向低差点选手的最高级产品——金牌王(GOLD MEDAL IMPERIAL)上市;1964 年由职业选手主导开发出的面向普通高球爱好者的球具——银光系列(SILVER FLASH)上市;1977 年大君主款(GRAND MONARCH)入选美国高尔夫殿堂;1982 年美津浓推出 PRO MS 系列面向高级者的软件锻造系列铁杆;1987 年美津浓 PRO IN - 87 软件锻造铁杆面世;1990 年美津浓 PROT - 110/120 推出世界首款钛合金开球木杆;1996 年 T - 20D 作为全球战略的产品,在世界各国发售;1997 年美国高尔夫职业巡回赛(USPGA)美津浓铁杆获四项排名第一;1999 年美津浓 PRO3005 是首款被欧美职业选手认同的日本制造的开球木杆;2005年 JPX 是首款采用新材料"生钛"合金制造的球具;2006 年,最经典的代表当是美津浓的 MP锻造铁杆系列。美津浓产品开发坚持以科学研究为基础,确保运动更加舒适安全,同时坚信只有将科技与人类感性结合起来,才能创造完美的品质。悠久的研发历史,强大的研发能力,使美津浓产品一直受消费者欢迎。

八、马基高(Macgregor)

1897 年,约翰·马基高(John Macgregor)与克劳福(Crawford)兄弟和爱德华·坎比(Edward Canby)合作建立了鞋楦头厂。公司总部设在美国佐治亚州的亚特兰大。在一次代表鞋楦头厂出访欧洲期间,坎比,也就是后来从马基高和克劳福兄弟手中买入其公司的人,介入了高尔夫。他坚信高尔夫在美国将成为一种主流体育运动。借助于鞋楦头的木工专业技术,公司开始生产柿木杆头和桃木杆身。产品运到英国后,坎比申请了注册商标马基高(J. Macgregor),该商标在球杆产品上使用了很多年。20 世纪 30 年代正式改名为马基高高尔夫公司(Macgregor Golf Co.)。该公司在木工方面的专业技术很快就让其成为世界上最大的柿木杆头和桃木杆身生产厂商,从而给高尔夫工业带来了很多"第一",例如击球面嵌入技术、精美的底板设计、球杆震动缓冲设计、四向滚动底板和橡胶握把等。重大的技术突破让马基高公司赢得了"高尔夫用品历史上最大创新者之一"的美誉。托尼·皮讷(Toney Penna)在 20 世纪 30 年代加入马基高公司,并带来一支专业研发队伍,其中专业顾问人员包括本·霍根(Ben Hogan)、拜伦·尼尔森(Byron Nelson)和吉米·德玛雷特(Jimmy Demaret),为马基高公司的创新奠定了基础。马基高公司开发出第一个软钢球头、第一个橡胶和绳索握把及非常软的橡胶握把,名叫"Ti - Tae"。"四向滚动"底板大大地提高了本杆的性能。在 20 世纪 40 年代的所有 PGA 赛事中,超过 50%的球手使用马基高公司球杆。1949 年,马基高公司第一个引入配有木杆和铁杆套装的球杆,并用特别的箱子来展示装有 13 支球杆的新 MT 系列产品,其中 4 支木杆(wood)和 9 支铁杆(iron)一个单位。在套装球杆里面包括挖起杆和沙坑杆。1990 年,马基高公司首次在市场上推出美国制造的钛金属木头(Wood)。2003 年,马基高美国总公司回购了马基高日本公司并收购了美国著名的推杆公司 Bobby Grace。通过系列的收购,今天的马基高公司已经成为一个拥有国际顶级性能的木杆(N)系列、V - NX 系列、MT 系列、NV - NWXR 系列、NV - NXS 系列、铁杆(V - Foil 系列)、推杆(Bobby Grace 系列)以及拥有大白鲨服装的专业高尔夫用品公司。

九、PING

1953 年美国通用电气公司(GE)的机械设计工程师、已过不惑之年的卡斯顿·索尔汉姆(Karsten Solheim),第一次接触高尔夫就为之痴迷,并在业余时间打高尔夫球的过程中发现高尔夫球杆存在一个明显的问题——缺乏平衡感。于是,他运用简单的物理和机械原理,开始利用业余时间研究高尔夫球杆。不久,他在家中设计出第一支将跟趾平衡与周边配重技术结合的推杆,并将这支推杆命名为"PING"。自此,PING 推杆开始从索尔汉姆在加利福尼亚州红木城(Redwood)的车库不断运到全美的高尔夫球具店的货架上。

直到 1961 年,平衡感好、推击稳定的 PING 推杆才开始逐渐被球手们接受。订单如雪片般飞来,到 1966 年,PING Anser 推杆已经供不应求。Anser 推杆的特点在于它拥有最佳效果的瞄准线、合适的重量、背部凹槽设计和低重心。Anser 推杆改变了推杆的历史。索尔汉姆也索性辞掉了在通用电气公司的工作，在太阳城的西北部买下了一间小工厂，全心全意地投入 PING 推杆的生产。1967 年，著名职业球员朱丽叶斯·博罗斯（Julius Boros）使用索尔汉姆生产的推杆，一举获得美巡赛之一的菲尼克斯公开赛冠军，PING 推杆在美国市场上更加供不应求。随着越来越多的职业球员和业余爱好者的使用，PING 推杆成为全美职业巡回赛和业余比赛的冠军中使用率最高的推杆。索尔汉姆的"重量平衡原理"是 PING 推杆成功的法宝。索尔汉姆认为，只有当推杆的跟部和趾部重量达到平衡时，其推击的效果才是最稳定的。这一理论最终引发了球杆产业内的一场革命，并很快由推杆制造延伸到其他杆种的生产之中。1967 年 7 月索尔汉姆成立了卡斯顿制造公司（Karsten Manufacturing Corporation），并同时推出了印有"PING"标志的铁杆和木杆。

1969 年 PING 又推出了第一款以铸造方式制成的周围配重凹背铁杆 Karsten 1，开启了凹背铁杆的新纪元。后来的 Eye 2 铁杆，更是成为球具史上最为畅销的成套铁杆组。20 世纪 80 年代，PING Eye 2 推杆成为高尔夫历史上销量第一的球杆。

在多年的球杆设计和生产过程中，索尔汉姆和他的 PING 高尔夫球杆公司推出了数以千计的技术创新，并制定了行业标准，一些技术至今仍在沿用，例如封闭铸造技术（Investment casting）、边缘加重技术（perimeter weighting）、量身定做服务（custom fitting）、产品序列号（serial numbers）、测试机器人（Pingman）等。

20 世纪 60 年代，PING 开了对球杆量身定做的先河，根据 PGA 巡回赛职业球手的不同身体特征来调节球具，通过对每支铁杆的杆面角和底角的调节，使他们的球具配置达到最佳。卡斯顿量身配置的球杆帮助职业球手们持续在巡回赛中获得胜利。卡斯顿同时发现几乎每一位球手在购买球具时都很少会考虑自己的身体特征，于是卡斯顿着手著名的 PING 色码系统的研究。PING 特有的色码对照系统（Color Code Fitting System），为后来的量身定做业务提供了技术支持。在这个系统中，通过对球手的身高和手腕离地距离的测量来确定球手所用球杆的规格。PNG 的球具量身定做业务便迅速发展起来。到目前为止，仅在美国 PING 就有超过 3800 个量身定做服务中心，实至名归地成为量身定做球具的领导品牌。

2003 年起，PING 公司加快了新品的上市节奏，不断推出 Si3 一号木杆、G2 球道木杆、C2 系列铁杆、S59 刀背铁杆以及 G2i 系列推杆 G15 和 15 系列，以及 K15、S56 铁杆和 TOUR S 挖起杆，并在球杆造型与配色上有了长足的进步。

十、威尔逊（Wilson）

威尔逊高尔夫用品制造公司曾经是业界最著名的品牌之一。1914 年，托马斯·威尔逊（Thomas E. Wilson）成为亚仕兰（Ashland）公司新任总裁后，正式将公司更名为 Thomas E. Wilson，并将业务定位在体育用品之上。作为体育用品生产商，高尔夫产品自公司成立之初，就扮演着重要角色。1920 年，约克·哈奇森（Jock Hutchison）成为威尔逊的第一个签约球手，以他名字命名的"JH"系列随后成立，这也为后来威尔逊智囊团的成立打下了基础。1922 年的感恩节，威尔逊智囊团成立，高尔夫球手吉勒·沙瑞兹（Gene Sarezen）成为公司第一个职业运动员出身的顾问。从那时开始，吉勒·沙瑞兹开启了自己与威尔逊长达 75 年的不解之缘。威尔逊产品优越的性能帮助他在职业生涯中获得 39 个巡回赛冠军，其中包括 7 个大满贯的荣誉。吉勒·沙瑞兹设计出能在沙坑上轻松击球的杆头，这个秘密武器帮助他赢得了 1932 年的英国公开赛。这种新型杆头被称作"爆炸射手",当年销售量达 5 万支,成为当时高球界最受欢迎的沙杆。凭借 1935 年美国名人赛的胜利,吉勒·沙瑞兹成为历史上第一位包揽四大赛冠军的球手。1948 年,威尔逊总裁劳伦斯·艾斯里(Lawrence Icely)为支持高尔夫事业的发展,向成立初期的 LPGA 提供了巨大的资金支持。1970 年,百事可乐公司完成对威尔逊的收购。威尔逊迎来新的发展契机并确立了在行业中的领导地位及优质的产品形象。1977 年,威尔逊体育用品公司正式被划分为三部分,高尔夫运动类(Wilson Staff)被单独划出并独立运作。

1989 年,爱默集团(Amer Group,Ltd.)收购威尔逊体育用品公司,成为世界上最大的运动器材供应商。威尔逊高尔夫始终以铁杆作为其龙头产品并配合推广木杆、挖起杆产品。威尔逊铁杆在技术上始终处于领跑地位。从上市以来便引起轰动的 FG‑51 到威尔逊推出的第一款凹背铁杆 FG Tour;从最受欢迎的 Dyma‑Powered 到巡回赛极具影响力的 RM MidsizeForged,威尔逊毫无争议地成为铁杆领域的发展标杆。2006 年,在美国的测试中,Di6 铁杆击败所有竞争对手,获得一致的尊敬和信任;2008 年,Di7 铁杆再次获得年度球杆荣誉,并成为当年最畅销的铁杆。

近些年,威尔逊公司由于产品门类齐全,战线拉得过长,资源匮乏,逐渐失去竞争力。最糟糕的是该公司已经彻底放弃了铁杆市场。根据高尔夫数据技术公司的统计数据,威尔逊公司的产品在专业高尔夫球用品店和场下零售店中所占市场份额已经跌至 2.1%。威尔逊正处于被遗忘的边缘。

2011 年,威尔逊高尔夫在以往科技成果的基础上,全新推出 FG62 与 Di11 铁杆。新款 Di11 铁杆不仅外形设计能带来绝佳的视觉享受,而且其性能与科技含量也绝对称得上是铁杆中的典范之作。

除了以上品牌之外,还有邓禄普(Dunlop)、史力胜(Srixon)、尤尼克斯(Yonex)、本‑哈根(BenHogan)等品牌。

第四节　高尔夫运动延伸产业

高尔夫运动除了器材的研发、制造与销售之外,还涉及产业链上的高尔夫球场建造、高尔夫球场经营管理、高尔夫赛事服务、高尔夫教育培训、高尔夫地产、高尔夫会籍、高尔夫旅游、室内高尔夫等相关产业。

一、高尔夫球场建造业

高尔夫球场建造业是基于生态系统承载能力的复合产业。高尔夫球场可以实现生态、经济、社会的协调发展。高尔夫球场建造和养护产业是高尔夫产业中基础的部分。全球每年新建、改建的高尔夫球场约有 500 家,一个标准 18 洞的球场主体的建造费用在 4 000 万～6 000 万元,涉及球场建造工程设备、喷灌设备、草坪保养设备、草种等,再加上现有 3 万多家球场的管理和养护,其年产值约 1 000 亿美元。高尔夫球场和练习场的建造,都需要由专业的球场设计师精心设计,并由专门的高尔夫施工公司建造。一个球场建造费用分为前期的设计规划许可证、设计费(约占总金额 10%)与后期建造球场的费用(约占总金额 90%),主要包括土木工程、灌溉系统、植草、园林的费用支出,但不包括收购土地和购买高尔夫会所以及其他机构的维护设备的费用。

高尔夫建造业,一方面是现有设施的维护和改造,另一方面是新高尔夫球场的投资兴建。美国斯坦国际咨询研究所(SRI)估计,在2011年,约75.5个高尔夫球场建设项目正在进行(63个新建及12.5个扩建,以18洞球场计算)。2011年,新的高尔夫球场建设给美国经济贡献了51 580万美元的经济总量。总体而言,2011年美国的高尔夫球场资本投资为21亿美元。

无论新建球场还是改建球场,高尔夫球场设计都是基础。一个标准18洞球场,著名设计师设计费用在40万~200万美元不等,尤其是欧美国家的设计师,而本土设计师的设计费用在20万~60万美元之间。

世界上十大高尔夫球场设计公司分别如下①。

(1)尼克劳斯高尔夫球场设计公司(Jack Nicklaus Design);

(2)汤姆-法齐奥高尔夫球场设计公司(Fazio Golf Course Designers,Inc.);

(3)罗伯特·琼斯设计公司(Robert Trent Jones II,Inc.);

(4)里斯-琼斯设计公司(Rees Jones Design);

(5)美国邑络RSW2+规划景观会所球场设计公司(RSW2 Design Group);

(6)帕尔默设计公司(Arnold Palmer Design Company);

(7)阿瑟山/史蒂芬-福里斯特设计公司(Arthur Hills/Steve Forrest & Associates);

(8)汤姆-多可设计公司(Renaissance Golf Design,Inc);

(9)芬格-斯藩高尔夫设计公司(Finger Dye Spann Design Inc.);

(10)老虎-伍兹设计公司(Tiger Woods Design,Inc)。

在高尔夫球场设计这条路上,中国本土球场设计师一直在孤独中前行,在我国高尔夫发展30多年来,最多的时候有十几人,主要原因包括:① 高尔夫行业时间短,没有正规的球场设计专业教育,设计师都是摸着石头过河;② 本土设计师一直面临国外设计师的挤压,生存空间小;③ 球场设计师受到高尔夫行业发展政策的影响。迄今为止,我国的高尔夫球场设计公司中兰星高尔夫工程公司与京津海高尔夫工程有限公司较为突出。

拓展阅读

球场改造成功案例

上海旗忠高尔夫球场,位于上海市闵行区,是1998年建成的18洞球场。球场由美国TRC Golf Course Services设计,1999年开业。尽管经营管理团队十分努力,但因球场品质问题,球场经营举步维艰,球场的声誉每况愈下。而改造的主要原因是原有练习场及周边土地挪作他用,球场只能在剩余的土地上改造或重建。

2010年底,投资方决定对球场进行改造。北京康多尔高尔夫球场设计公司被选中作为球场改造的设计团队。改造前有会员380名,会员证价格30万元人民币,接待会员及散客。2013年改造完成,投入改造资金约2.1亿元。球场品质大幅提高,跻身上海地区高尔夫球场前列。

会员证价格由2013年的58万元起,升至2014年底的88万元,改造后新增会员360名,经营方式也改为纯会员制。会员嘉宾果岭费平日价格由原来的560元升至1 090元,假日价格

---

① https://wenku.baidu.com/view/d3ee2537eefdc8d376ee32c8.html,2021-11-1。

由原来的 780 元升至 1 590 元,所有改造费用于开业后一年全部收回。

球场品质提升后受到大型赛事的青睐,成功举办的赛事包括:2014 年别克女子邀请赛(女子中巡赛事)、2015 以及 2016 别克锦标赛(女子欧巡赛事)、2018 与 2019 别克 LPGA 锦标赛(女子美巡赛事),旗忠高尔夫球场成为全球顶级女子高尔夫赛事的举办地,2021 年别克 LPGA 锦标赛也在这里举办。

资料来源:新浪高尔夫专家专栏。

二、高尔夫赛事产业

随着高尔夫运动及相关产业在我国的快速发展,高尔夫赛事不仅拉动了高尔夫消费,而且为高尔夫人才培养助力。高尔夫赛事建立了中国职业化高尔夫与世界高尔夫连接的桥梁。

(一)职业高尔夫赛事产业

职业赛事的竞技水平是衡量一个国家项目职业化程度的标准之一。自高尔夫成功跻身奥运会项目以来,我国更加关注高尔夫职业赛事的发展情况。朝向集团《朝向白皮书——中国高尔夫行业报告》近几年的行业发展数据总结显示:在赛事的整体规模方面,我国已经拥有了汇丰冠军赛、高尔夫世界杯、沃尔沃中国公开赛、男子职业巡回赛、女子职业巡回赛、LPGA 锦标赛、美巡中国赛、别克锦标赛等众多国内外已经发展相对成熟的职业赛事,并且每年各类赛事的数量仍旧在不断增加;在参赛球员方面,随着我国职业球员数量的逐年递增,我国本土球员参赛人数也在不断扩充,国外参赛球员的数量也开始逐年增多,并且逐渐开始摆脱没有大牌球星参赛的尴尬局面;在赛事赞助企业方面,赞助企业的类型也开始脱离单一化的局面,变得愈发丰富起来,同时参与赞助的企业数量也在逐年增多;在赛事转播方面,随着近几年高尔夫媒体的快速发展,我国高尔夫赛事的转播与报道也得到了部分媒体的青睐,媒体对赛事的重视程度开始逐年上升。

近几年,我国选手取得了可喜的成绩。如 2014 年,曾雅妮第四次问鼎世界高尔夫球冠军;2016 年,冯珊珊获得里约奥运会女子高尔夫季军;2017 年获得 LPGA 蓝湾大师赛冠军;2017 年"美巡赛第一人"——窦泽成和张新军的诞生;等等。选手们优秀的表现,激起了国民对高尔夫的关注,促进了国民积极参与高尔夫,特别是第 121 届国际奥委会宣布高尔夫球成为 2016 年里约热内卢奥运会的正式项目之一,这一举措大大推动了中国高尔夫球的发展。

大型体育赛事的社会经济功能越来越明显地凸显出来,高尔夫赛事也不例外。我们耳熟能详的一句话是"高球赛事搭台,经贸交流唱戏",这是高尔夫赛事经济功能的一种集中体现,举办赛事在促进高尔夫运动普及和运动水平不断提高的同时,还带来了巨大的商机。高规格的赛事往往能吸引众多知名品牌的商业赞助,除直接服务于高尔夫运动的服饰球具厂商外,银行、汽车、奢侈品、保险公司等商业机构也慷慨解囊赞助高尔夫赛事,仅美国 PGA 的冠名权要价就已经超过了 800 万美金。除此之外,高尔夫赛事的电视转播对高尔夫产业的推动也是巨大的,如 NBC、CBS 和 ESPN 美国三大电视网为取得转播权每年向主办者支付的费用都高达数亿美元,两者联姻使得高尔夫赛事的经济效益达到了最大化。同时,举办高尔夫赛事对第三产业,如餐饮业、宾馆业、旅游业和航空业等有积极的促进作用。由于举办高尔夫赛事能带来巨大的综合经济效应,不仅是北京、上海、深圳这样经济发达的大城市频繁地举办大规模、高规格的高尔夫赛事,一些经济相对发达的沿海开放城市,甚至一些内地城市也不遗余力地争取举办高尔夫赛事。

（二）业余高尔夫赛事产业

业余高尔夫赛事包括地方高尔夫协会举办的业余锦标赛、俱乐部会员赛、企业团体活动赛事等，这些赛事的举办不计其数，对整个高尔夫产业的贡献也是不可忽视的。据上海某高尔夫俱乐部介绍，一年举办的高尔夫商业赛事有 100～150 场次，平均每场赛事人数在 50 人以上，人均消费在 1 000，俱乐部在高尔夫商业赛事的收入达 500 万～750 万之间。不仅给俱乐部带来极大的收入，同时也拉动了高尔夫相关产业的发展。

（三）青少年赛事产业

近年来，高尔夫打球人口中青少年人数蓬勃发展。数据统计，2013 年青少年注册人数 400 人，到 2018 年增长为 58 194 人，增加 145 倍；2019 年开展高尔夫等级考试之后，青少年高尔夫人口更是指数增长。2021 年中高协积分排名系统认证赛事达到 478 场，中高协青少年训练基地或训练中心在全国布局达到 300 多家。在教学方面，得益于室内高尔夫教学、校园高尔夫教学、社区高尔夫模式的不断发展，培养了更多的高尔夫人才；在青少年赛事方面，不仅有中高协主办的各项赛事，还有很多地方高协赛事、企业冠名赞助的赛事，尤其是与美国青少年巡回赛的对接，都带动着整个青少年高尔夫运动的蓬勃发展。

三、高尔夫地产产业

所谓高尔夫房地产，是指以高尔夫球场的景观要素为建设开发载体的房地产项目。高尔夫球场作为房地产开发建设的母体，其球场设计与建造的人文品质和自然景观要素，是高尔夫球场房地产最耀眼的市场"卖点"。高尔夫球场的设计与建造，以自然景观的原始利用为设计和建造的主体，以人文思想与自然环境的和谐相融为开发目标，进而改善了球场周围的生态环境，营造了一种人文与自然和谐统一的生态文化氛围与高品质的生活居住环境。

高尔夫球场规划与建设和城市房地产业开发，是现代社会发展进程中反映城市经济建设的两种不同的社会生产实践。但是，这两种社会生产实践又都是基于一个发展基础，即充分利用城市的土地资源，开发建设不同物质形态和经济形态的市场发展主体。从两者的市场发展基础以及市场发展目标来讲，满足人们在物质和精神上的消费需求，追求以人为本的行业发展理念，形成了这两种不同物质形态和市场经济形态的深层次的社会联系，使两者经济发展的消费主体以及消费价值取向形成了有机的统一，进而促使了经济发展的互补互动，形成了高尔夫产业与房地产业两种行业相互融合并具有高附加值的高尔夫产业边际市场。当前国内高尔夫房地产市场开发的基本结构如图 6-3 所示。

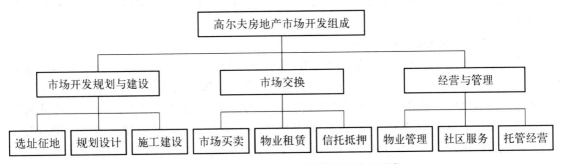

图 6-3　高尔夫房地产市场开发运行构成要素

（资料来源：吴亚初.高尔夫概论[D].北京：人民体育出版社.2011.09）

四、高尔夫教育培训产业

全国高尔夫爱好者已将近 500 万人，累计产生 872 万的总打球轮次。此外，还有大批韩国、日本和中国港澳台地区等的高尔夫爱好者到内地打球，一年累计多达 100 万人次，全国累计接待高尔夫爱好者约 2 000 多万人次，总产值达 600 多亿人民币，而社会综合效益达 2 400 亿人民币。

五、高尔夫旅游产业

（一）高尔夫旅游的定义

高尔夫旅游是当代休闲文化社会发展进程中，在传统休闲旅游的基础上衍生出来的新的旅游方式。高尔夫旅游与传统的休闲旅游既有联系又有区别。所谓高尔夫旅游，是指高尔夫运动的爱好者，通过旅行的方式到异地高尔夫球场打球的行为表现。因此，我们所说的高尔夫旅游，并不完全代表传统休闲旅游的消费行为，而是以特定的方式在特定的地域范围内，从事高尔夫运动实践的旅游休闲活动。

高尔夫旅游，是随着高尔夫产业市场的不断发展、高尔夫消费群体的不断扩大，以及消费行为的多元化发展而迅速兴起的。我国高尔夫旅游市场迅速发展的社会动因，主要体现在以下三个方面。

首先，从地理位置上讲，中国具有南北、东西跨度较大，气候类型多样性的特点。不同地区的高尔夫球场的自然景观与人文景观各具特色，不同季节可提供不同特色的球场，极适合高尔夫旅游的市场开发。同时，中国毗邻韩国、日本，而中国高尔夫旅游市场的主要客源是韩国、日本以及港澳台地区的高尔夫旅游消费者，因此，中国优越的地理优势，成为高尔夫旅游市场开发的重要基础。

其次，从开发与经营的市场运作来讲，成本和价格优势成为中国高尔夫旅游经济发展另一优越条件。一方面，中国人力资源丰富，人力成本相对低廉，可以利用相对廉价的劳动力提供高质量低成本的优质服务，拓展高尔夫旅游市场。另一方面，目前日本、韩国的高尔夫俱乐部消费价格普遍高于我国几倍，甚至十几倍，许多日、韩高尔夫旅游消费者更愿意选择来中国高尔夫球场进行高尔夫旅游活动。

此外，从高尔夫消费群体来讲，不断增长的国内高尔夫消费群体，呈多元化消费趋势，将进一步促进国内高尔夫旅游经济的快速增长。近几年国内高尔夫消费人口以平均每年 20% 左右的速度递增，而广东地区、北京地区和上海地区的高尔夫消费者的增长率高达 35%。中国有着优越的地理优势和价格竞争力及庞大的高尔夫旅游消费群体，中国的高尔夫旅游市场发展潜力巨大。

（二）我国高尔夫旅游市场组织

当前中国大陆高尔夫旅游市场的社会发展，受地域特征、经济与人文环境，以及当地外资企业数量、投资规模等相关因素的影响，从全国范围来讲高尔夫旅游市场发展不平衡。在环渤海及东部沿海地区，"泛华南"地区的广东、海南、云南等地区，以及华北的北京地区，境外高尔夫旅游消费相对集中，尤其是韩国、日本，以及台湾地区的高尔夫旅游消费者居多。我国大陆高尔夫旅游市场开发的组织形态，主要来自三个不同性质的组织机构。

1. 高尔夫专业服务中介

这类企业是高尔夫旅游市场的主要推广者和组织者，它们维系着球场与高尔夫旅游爱好者之间的关系,并围绕不同的高尔夫群体制定旅游产品,它们拥有稳定的高尔夫旅游产品线路和特定的客户群体(比如:某高端汽车品牌的客户群),但目前大部分中介仍以短线产品为主,产品陈旧单一、缺乏新意、难以吸引更多的旅游客源。

2. 旅游服务公司和各相关旅行社

这类企业是国内一般休闲旅游的市场开发主体,高尔夫旅游产品通常是这类企业的辅助性开发产品。由于受高尔夫专业相关因素的制约,在高尔夫旅游产品的开发上相对比较缺乏。而且,在高尔夫中介公司占领高尔夫旅游市场的情况下,它们不愿投入更多的资源在产品开发上,但仍然有部分旅游公司或旅行社开始注意开发自身的高尔夫旅游产品,并且利用企业自身的市场资源优势,寻找境外高尔夫旅游资源的市场突破口。

3. 高尔夫俱乐部

当前国内不同地区的高尔夫俱乐部在开发旅游市场的经营策略上有很大的差异性。在一些高尔夫本土资源比较好的地区,企业对开发旅游资源持消极态度。比如广东的深圳地区,高尔夫俱乐部普遍存在着不主动开发,但在一定的时间段又对高尔夫旅游团队给予优惠消费价的现象。而对于本土消费群体规模不大的高尔夫俱乐部,则把开发境内外高尔夫旅游资源作为企业的主要利润增长点。如海南、云南、四川等地的高尔夫俱乐部,把高尔夫旅游与当地的旅游资源形成"产品捆绑",打造高尔夫旅游市场的竞争优势。

4. 高尔夫会籍管理公司

以太平洋联盟、铁马高尔夫为代表的会籍管理公司在近几年蓬勃发展。比如太平洋联盟成立于2009年,致力于为会员提供全球最著名城市和高尔夫圣地的打球体验,自2013年开始,太平洋联盟的会员数量保持平均每年60%的速度增长,至今为止,太平洋联盟会员达到1.8万人,全球签约球场多达600多家。太平洋联盟想做的就是把高尔夫的旅行体验做到极致,太平洋联盟把高尔夫球场的美和著名景点为依托的旅行融合在一起,把众多世界优质球场和热门旅游景点连接起来。为了满足1万多名国际会籍会员的需求,太平洋联盟在保留最受欢迎的夏威夷及拉斯维加斯行程外,又增添了西班牙、东南亚、韩国济州岛等特色行程。在国内的高尔夫旅行方面,太平洋联盟以会员需求为第一决定因素,推出"候鸟计划",冬日避寒,夏日避暑,行程覆盖海南、云南、浙江杭州、辽宁大连等经典路线。

(三) 高尔夫旅游市场发展特点

1. 高尔夫旅游消费具有明确的目的性

高尔夫旅游,是高尔夫运动爱好者、消费者,按照特定旅行方式体验和感受异地高尔夫球场打球乐趣的消费活动。因此,与传统休闲旅游的消费方式相比,高尔夫爱好者参与高尔夫旅游的行程目的和活动方式都是非常明确的,活动内容和时间安排也是非常严谨的。

2. 球场品质是高尔夫旅游消费者首选的价值取向

高尔夫旅游消费者参加高尔夫旅游的首要目的是打球,球场品质是他们最看重的因素,因为它在客观上决定了高尔夫旅游的质量。而球场品质的一个主要表现就是草坪质量。因此,良好的草坪质量为高水平的高尔夫旅游提供了重要条件。作为高尔夫旅游消费者,通常情况下对高尔夫球场所在地区的人文特点、民风民俗等不会产生消费驱动。

3. "打球+商务"是未来高尔夫旅游市场开发的重点

高尔夫旅游是现代重要的社交工具和商业交流平台。高尔夫旅游消费者不仅可以通过这一工具和平台进行友邻交往,在轻松、愉快的旅行中交流认识和感受,相互促进提升球技,增进感情,还可以利用这一商业平台进行业务交往,达成商业目的。

4. 高尔夫旅游消费多样化与个性化

高尔夫旅游消费者出于不同的目的参加高尔夫旅游,他们偏好不同的旅游线路,拥有不一致的空闲时间,喜欢不同的交通方式,爱好不同的食物,对酒店有各异的需求,对球场有不同程度的关注。因此,当前国内高尔夫旅游市场,正呈现出高尔夫旅游消费者多样化和个性化的发展趋势。

拓展阅读

高尔夫旅游——圣安德鲁斯朝圣之旅

圣安德鲁斯是世界公认的高尔夫运动发源地,每一位高尔夫爱好者都希望能在安息之前在圣安德鲁斯球场推完最后一杆。这也成为高尔夫爱好者的终极梦想。

初来圣安德鲁斯,可能会非常不习惯这里的自然和原始。老球场没有花哨的金雀花,只有自然流畅的线条。球场多处地方的弹坑,提花式的凹凸不平的土坡,使得球道区自始至终都不是康庄大道。在“金熊”尼克劳斯的眼中,“无论从视觉感官角度,还是从建筑学角度,它给人的感觉都不像一个球场”。老球场在时间和技术上都是难以征服的,这就给了高尔夫爱好者们一个强烈的暗示:这是一场用体力和脑力挑战自然的考验。这份伟大正是缘于球场的纯净:没有人工痕迹明显的岛状果岭、整齐的球车道或者喋喋不休的巡场人员。所以每一个来到这里的高尔夫爱好者都会期待有难忘的经历,希望遭遇不平凡的事迹。

圣安得鲁斯并不是那些高尔夫大腕或者络绎不绝来到这里的高球爱好者们的天堂,而是小镇上的居民们抒发高尔夫球热情的最佳场所。老球场是一座活生生的高尔夫词典,却并不拘泥于俗套,在这里打球从来没有正确的打法一说,高尔夫爱好者们必须具备探险精神,在古老的沙丘之间寻找自己的打球线路。

当你在老球场经历了人生中非常重要的一场球之后,不管成绩好坏,一定要走进当地的一家餐馆或酒吧,你可以喝着啤酒,与来自世界各地的球友交换当天打球的经验和有趣故事,从老球场的草坪质量是如何的好、沙坑是如何的具有挑战性,到当年博比·琼斯如何在一个沙坑里连击 11 杆才将球打出来,直到在梦中继续回味与大师们共同作战的这个古老战场。

这就是能在圣安德鲁斯享受到的最纯粹神圣的高尔夫生活,虽然古老,但永远生机勃勃。

 **思考题**

1. 高尔夫产业的定义是什么?
2. 高尔夫产业中的主体产业与相关产业都包含哪些方面?
3. 请简述全球高尔夫产业的发展状况。
4. 中国高尔夫产业的发展特点是什么?
5. 世界著名高尔夫运动品牌都有哪些?
6. 高尔夫延伸产业包括哪些方面?
7. 请简述高尔夫球场建造与设计的发展概况。
8. 高尔夫旅游的发展趋势是什么?

第二部分

实践教学

第七章　高尔夫运动技术

本章高尔夫运动技术属于实践部分的内容,介绍热身运动、击球准备、推杆技术、切杆技术、劈杆技术、全挥杆以及沙坑救球等技术动作,采用动作迁移的教学步骤,遵循科学的教学方法,从易到难、从轻到重,提供多种自学与练习的方法,让你轻松掌握高尔夫运动技术。当你学习并熟练掌握高尔夫运动技术之后,就可以背上你的球包享受高尔夫运动带来的快乐。

第一节　热身运动

当你站在1号发球台准备挥动你的球杆,开启一场高尔夫之旅时,别忘了先做一些热身动作,适当的热身不仅可以避免运动损伤的发生,也是让我们的身体迅速进入运动状态的必要方法。无论你是高尔夫初学者还是职业选手,有效的高尔夫热身动作就像开启你高尔夫能量的一把钥匙,看似简单却能激发出身体内在巨大的潜能。

本节介绍几个与高尔夫运动密切相关的热身动作,不仅能使身体迅速地进入运动状态,而且能有效地提升身体的机能。平时在练习场练球或是下场打球之前,除了日常的关节操、准备活动之外,不妨按照以下动作热身,以便增加身体动作的柔韧性、稳定性和力量。

一、压肩

以球杆或者球包作为支撑,两脚分开站立,两腿与手臂均要伸直,力点集中于肩部。向下振压的振幅逐渐加大,力量逐渐加强,10次下压为一组,持续做2—3组;肩压到极限时,静止片刻(约10秒钟为1次),持续做8~10次;有利于肩带的肌肉热身(见图7-1)。

二、肩部绕圈

双脚站立与肩同宽,双手抓住球杆两端,伸直手臂,将球杆从身体前面经过头顶到身体后面,再由身体后面原路返回,手臂保持伸直状态,从前面到后面再返回算1次,持续做10次为一组,持续进行2—3组,如果柔韧性较好,双手握球杆距离可以短至与肩同宽(见图7-2)。

三、躯干拉伸

双脚站立与肩同宽,双手抓住球杆两端,伸直手臂,将身体弯向左侧,手臂向同侧绷直并拉伸,动作持续5—10秒,然后再向右侧做同样动作,左右两侧完成为1次,持续做10次(见图7-3)。

图 7-1　压肩

(a) 正面　(b) 侧面

图 7-2　肩部绕圈

(a) 正面　(b) 侧面

四、跨步转体

身体直立,双手平握球杆在球杆两端,双脚张开与肩同宽。将右脚往前跨一大步,双手往前伸直,此时右脚跟左脚膝盖呈弓步,双手维持与肩同高同宽,用腰部的力量往右边转到极限(身体不要倾斜),慢慢将身体转回正面,再往左边转,将右脚收回,换左脚跨步出去,身体左右旋转动作再做 1 次,左右脚跨步交替,各做 10 次(见图 7-4)。

(a)　　　　　　　　　　　　(b)

图 7 - 3　躯干拉伸

（a）左侧躯干拉伸　　（b）右侧躯干拉伸

(a)　　　　　　　　　　　　(b)

图 7 - 4　跨步转体

（a）跨步转体（正面）　（b）跨步转体（侧面）

第二节　击球前准备

　　著名高尔夫球员杰克·尼克劳斯阐明了准备动作的重要性,他说:"如果你的准备动作正确,即使你挥杆动作平平,你也有很大的机会击出一个好球。如果你的准备动作不好,即使你有世界上最精湛的挥杆技术也会打出一个非常糟糕的球。"

依据人体科学,每个人的身体素质有差异,挥杆前的准备动作也是略有差异,找到最适合自己的动作有助于提高击球的稳定性,挥杆前的准备动作包括五个方面:握杆、瞄准、站姿、球位和身体形态。

一、握杆

握杆是打好高尔夫球最重要的基本功。手是球员与球杆连接的唯一部位,在挥杆击球时,来自身体的力量就是通过手握杆传递到球杆杆身然后再到杆头的。美国高尔夫传奇人物本·霍根(Ben Hogan)曾经说道:好球技始于好握杆。

好的握杆是在力量和控制之间。你喜欢哪种挥杆不重要,只要挥杆时双手同时运动。如果不能,你控制杆面和创造杆头速度时会遇到阻力。接下来介绍三种常见的握杆方法。

(一)三种常见握杆方法

1. 重叠式握法

重叠式握法是指右手的小指叠搭在左手食指与中指之间的缝隙上方的握杆方法,适用于手掌大、手指长、力量大的球员。其特点是能够较好地保持两手的体感,便于控制左右两手用力的平衡,因此,这种握法的应用比较普遍(见图7-5)。

图7-5　重叠式握法　　　　　　　　　图7-6　互锁式握法

2. 互锁式握法

互锁式握法是指右手的小指不是叠搭在左手食指与中指之间的缝隙上方,而是插入左手食指与中指之间,勾锁住食指的握杆方法,适用于手掌小、手指短、力量较小的球员。其优点是左右手勾锁在一起容易产生一体感,而且利于使用右手力量,缺点是由于两手都是用手掌来握杆,会生不适感,另外因为右手小拇指插入左手食指和中指之间而使左手食指突起,导致本来就无力的左手更加无力,而且在上杆到最高点停下时,即挥杆顶点时右手小拇指会牵拉左手食指,容易引起左手腕前倾,造成过度上杆从而影响击球的准确性(见图7-6)。

3. 十指式握法(棒球式握法)

十指式握法又称棒球式握法,顾名思义就是像握棒球杆一样,左右两手分开用十指握住球杆,右手的小指与左手的食指上下相贴的握杆方法,适用于力量小者、高龄者或女性球员。其优点在于能够更好地利用右手手臂力量,缺点是由于左右手之间没有任何叠搭或勾锁,不易保证两手的一体性,而且因为左右手在击球过程中的用力均衡性难以保证,并且过于使用手腕,所以容易对击球的准确性产生不利影响(见图7-7)。

图7-7　十指式握法　　　　　　　　图7-8　球杆握把插入左手动作

（二）正确握杆步骤

日常生活中鼓励别人的时候会竖起大拇指，其他四个手指卷起握拳，在这里简称"你真棒"。以右手球员为例，那就是左手做出"你真棒"时，左手四个手指稍微松开让球杆握把放置于手指根部区域（见图7-8球杆握把插入左手动作，图7-9握把放置区域），并露出大约1英寸（2.54厘米），确保球杆杆面指向目标，左手卷起四个手指握住球杆，拇指和食指形成V字，在击球时，你的左手应控制球杆并保持杆头在正确的位置，是握杆中的主导手。

图7-9　握把放置区域　　　　　　　图7-10　右手盖住左手

当你将球杆放置在左手内正确的位置后，右手再做出"你真棒"动作，并自然地覆盖在左手之上，右手参与握杆并使握把置于手指中，右手的鱼际握住目标手的拇指，拇指和食指形成一个V字，双手平行放置，在挥杆时共同协调工作（见图7-10右手盖住左手）。

你的右手应该在击球之前"释放"掉。通过释放带来的力量和速度产生最大的距离。

（三）握杆中需要注意的要素

1. 握杆厚度

厚度是指手握杆时包裹握把的程度。为了确保手在握杆时形成"手的中式位置"，球员应该着重注意把杆放在手指上，而不是手掌。手真正能使出力量的是手指，而手掌的力量则来源于手腕和前臂，不具备保持中式位置的灵活性，甚至可能还会导致移位。这里有个非常贴切的例子：写字时，如果用手指拿笔，它能保持握位稳定；而当用手掌握笔时，笔则容易在手里移动，同时还会影响手腕的灵活性，即动作的准确性和可控性。

　　手掌贴杆的感觉强,就是所谓的握得厚,一般称之为"手掌握杆";相反,当手掌贴杆的感觉变弱而手指握杆的感觉稍强时,就是所谓的握得薄,一般称之为"手指握杆"。通常来说,左手的"手掌握杆"的感觉应多些,即手掌加手指握杆,而右手"手指握杆"的感觉则应多些。

　　2. 握杆力度

　　握杆力度是指手握杆时的力量。假如用 1～10 分来衡量握杆力度的话,有人赞成用 2～3 分的力量轻握。赞成轻握的人中,最常引用的一个想象是:手掌握着只小鸟,力度在不让小鸟飞走又伤害不到小鸟之间;也有人赞成用 8 分甚至以上的力量来握杆,像著名英国公开赛冠军汤姆·沃森(Tom Watson)就是其代表。另外,还有介于两个极端之间的说法——用 5～6 分的力量,代表人物有泰格·伍兹(Tiger Woods)等。最终找到最适合自己的握杆力度——松而不弛,紧而不僵。

　　3. 握杆强弱

　　握杆强弱是指瞄准时握杆的指向,取决于左右手掌的方向,具体可用双手虎口处的 V 形缝(以下简称"V")指向来衡量。

　　(1)强式握杆。左手拇指在握柄中线的右侧而非正上方,双手虎口形成的"V"指向右肩外,瞄准站稳后往下看能见到左手背的两到三个关节点。左手拇指在握柄中线越靠后,"V"越指向右,见到手背的关节点数就越多,则握杆就越强势。

　　(2)中式握杆。当拇指按在握把中线上,这时双手虎口形成的"V"指向下巴至右肩头之间,瞄准站稳后只见到左背一个关节点的握把方式。

　　(3)弱式握杆。左手拇指按在球杆握把中线的左侧而非正上方,双手虎口形成的"V"指向下巴左侧甚至左肩外,瞄准站稳后往下看到的是右手背,跟强式相反的倾向。

二、站姿

　　这个部分主要讲的是挥杆的站姿。当握好球杆之后,你就需要摆好站姿。为了收杆时身体能保持平衡,你挥杆时必须站得很平稳。如果做不到的话,身体会在挥杆时自动调整平衡,这样会造成重心晃动,杆头位置不正。平稳的站姿在击球完毕复位时也更加容易,因为不需要多余的动作来调整平衡。

　　(一)寻找合适的站姿

　　在所有全挥杆动作中,你的站姿几乎是一样的(见图 7－11 正常站姿),从这点可以看出,为什么建立一个可以不断重复的舒适站姿很重要。无论是切球、沙坑击球还是推杆,你可以改变你的站姿,但都需要遵循以下几点。

　　(1)身体从髋关节以上要向前倾。

　　(2)稍稍弯曲双腿。

　　(3)脊背向右侧倾斜,扬起左肩,使左肩高于

图 7－11　正常站姿

右肩。

（4）双臂闭拢，紧贴双肩。

（5）将球杆握把的末端对准肚脐和腰带扣之间的位置。

（6）保持双脚平行，除非特意打左曲球或右曲球。

（7）使身体重心均匀落在双脚之间。

（8）重心保持在脚趾和脚跟之间，鞋带下面的区域。

（二）异常站姿

（1）过度伸展手臂去够球（见图7－12）。这样造成重心前移到脚趾，使挥杆不平稳。

（2）站姿过于直立僵硬，腿部没有弯曲度（见图7－13）。这样会使肌肉紧张，肩部转动不灵活。还会造成下杆时角度太大，只击中球的顶部，或者击到球后的地面，结果击起的草皮和土块比球飞得还远。

图7－12　异常站姿（过度够球）

图7－13　异常站姿（过于直立）

图7－14　球位选择

三、选择球位

虽然多数挥杆动作中的站姿基本一样，但球的位置会依据使用球杆的不同而有所变化。如图7－14所示，人和球之间保持多大的距离由球杆长度决定。你的手臂应该可以在自然下垂时就能拿杆触球,而不是伸长手臂去够球。一般情况下球杆越长,球的位置应该越靠前。理想状态是,球应该刚好放在了球杆杆头末端的位置。球杆越长,这个点离你越远。

在双脚间放球时,要遵照下面这些通用的准则:用1号木杆和球道木杆时,球往前放,要紧贴着你左脚跟的内侧放置;用铁杆和铁木杆时,球要放在你站立点的中心位置;用挖起杆时,球要放在你站立点的中心稍偏右的位置。

四、瞄准

高尔夫运动中的瞄准是一个非常重要的环节,以旗杆或者球洞为目标进行瞄准。瞄准有两种情况,一种是挥杆击球前瞄准,另一种是推杆前瞄准。瞄准目标和摆正球杆位置的方式和挥杆同样重要。改变站姿或调整脚的位置会直接影响球起飞之后的路径。

(一)对准目标

每次击球前,你必须选定目标方向。目标方向可以是旗杆、果岭上的某个区域或者球道上的某个点。把球杆放到球后面时,要保证杆面朝向目标方向,之后就是摆好站姿。

用杆面瞄准时,你的肩膀、臀部和脚应该自然地偏向目标方向左侧。如果你的双脚正对着目标方向,球和杆面就偏右了。多数人瞄准时太靠右边,需要使劲向左挥杆来弥补,结果击出的球通常偏左。

练习过程中,可以用两支球杆帮助进行站位与瞄准方向(见图7-15)。

图7-15 直线球的瞄准练习方法

(二)左曲球(Draw Shots)

起飞后在空中的轨迹是从右向左的球称为"左曲球"。打左曲球要求你转动双脚,使身体向目标右侧倾斜。这种站姿在挥杆时的力是由内而外,通过影响球的旋转使球的走向最终弯向左边(见图7-16)。

(三)右曲球(Fade Shots)

起飞后在空中的轨迹是从左向右的球称为"右曲球"。打右曲球要求你转动双脚,使身体向目标左侧倾斜。这种站姿在挥杆时的力是由外而内,通过影响球的旋转使球的走向最终弯向右边(见图7-17)。

五、球杆面击球角度

球杆面与击球角度和站姿一样,杆面的触球位置同样影响球的飞行方向。杆面是平的,打出来的球才可能是直的,保证铁杆前缘和球在一条直线上非常重要,这样才能使杆面和目标线保持垂直。如图7-18所示,球杆面与球之间形成了标准型、打开型(易打出右曲球或者右旋球)、闭合型(易打出左曲球或左旋球)。

图 7 – 16 左曲球的瞄准练习方法   图 7 – 17 右曲球的瞄准练习方法

(a)   (b)   (c)

图 7 – 18 球杆面击球角度

(a) 标准型杆面角度   (b) 打开型杆面角度   (c) 闭合型杆面角度

第三节 推 杆 技 术

推杆在高尔夫运动中占据极其重要的位置和比重,不管是 300 码以上的 1 号木杆击球,还是几十厘米的推球,在高尔夫比赛中都算作 1 杆。在一场高尔夫比赛中推杆常常占有的杆数比例在 40% 左右,可见这是一个非常重要的技术动作。

　　为了提高推杆的成功率,打球者应该从自信心、干净利落的动作、杆面的感觉以及球进洞瞬间的视觉感应等方面进行加强和提高。在高尔夫球场经常可以看到一些打球者匆匆走上果岭又匆匆走出果岭的情形,实际上这里不仅有技术层面的原因,更为重要的是打球者本身已经失去了对推杆的自信心。所以推杆时,首先要消除自己内心的紧张,增强自信心。然后从技术的角度考虑自己的动作,其中最为重要的是推球时手腕部分不能有任何动作,否则就会造成"敲"而不是"推"。

一、推杆握杆方法

　　推杆的握杆方法有许多种——比如标准式、重叠式和爪式等。但是在你能运用自如之前,你会看到不同的职业球员使用推杆的类型不一样,推杆握杆的方法也不一样,需要尝试不同的握法重复练习,找到适合你的推杆握杆方法。

(一)标准式

　　双手放到身体前面,自然下垂,手掌平伸,手心相对。身体从腰部往上微微前倾,保证双眼在球的正上方。将推杆放在两手掌之间,两只手握住推杆,两个拇指伏在推杆上,与铁杆握杆方法相似(如图 7 - 19)。

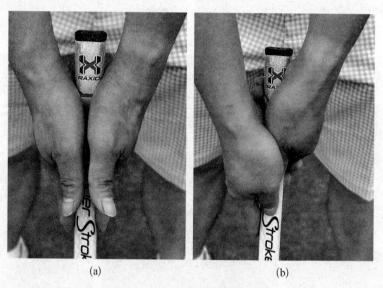

(a)　　　　　　　　　　(b)

图 7 - 19　标准式推杆握杆方法

(二)重叠式

　　推杆的另外一种握法是重叠式。这种握法和标准式基本相同,唯一的一点区别就是要交换一下左右手的位置:左手在下,右手在上。这种握法能强制你的肩膀与果岭保持在一条直线上,防止手扭动(见图 7 - 20)。

(三)爪式

　　近年来的 PGA 巡回赛上,球手们将一种叫作"爪式"的不正规握法普及开来。对于那些不适应其他握法,或是用其他的握法无法取胜的球手来说,"爪式"成了撒手锏。用这种握法是为了杜绝推杆时手部动作变形,和用一只手握杆只差一步之遥了。右手这样握杆之后,手腕再没有任何机会扭动了。由于手位特殊,这种方式对于初学者来说并不容易把握。

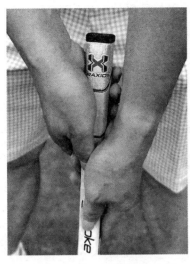
图 7 - 20　重叠式推杆握杆方法

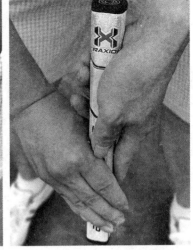
图 7 - 21　爪式握杆方法

上面的那只手(左手)要像标准式中那样握住球杆,同时球杆是位于下面那只手(右手)的拇指和手掌之间的。右手不要像在其他握法中那样握在握把上,而应该打开,指向球杆前方的地面(见图 7 - 21)。

二、推杆的站姿

推杆的站姿是把推杆轻握在手中之后,采取的一个放松舒适的姿势,基本上你的胳膊和手应当低于肩膀,目光直视球的上方,膝盖微曲,双脚分开与肩同宽(如图 7 - 22)。推杆站姿可以分为三种。

(1)平行式站姿:这是最常见的推杆身体姿势,脚趾、膝盖、臀部和肩膀的连线都和目标线平行,同时杆面方正且和目标线垂直。

(2)开放式站姿:即目标侧脚尖稍退后而非目标侧脚尖在线上的站立姿势,尽管臀部、脚和膝盖的连线不和目标线平行,但是肩膀始终保持与目标线平行。如果肩膀是开放的,造成送杆角度朝向与目标线不对应,这样推杆有利于长距离用力,著名高尔夫球员杰克·尼克劳斯喜欢采用开放式站姿。

(3)闭合式站姿:即非目标侧脚尖稍退后而目标侧脚尖在线上的站姿,脚趾、臀部和膝盖的连线在身体前侧,与目标线形成夹角,肩膀始终保持与目标线平行,同时杆面方正并与目标线垂直。

无论采用哪种推杆的站姿,都需要保持肩膀与目标线的平行,有利于提高推杆的准确度。

图 7 - 22　推杆的站姿

做好站姿后需要注意的是推杆在球的后面,平放是最佳位置(图7－23);杆头的趾部翘起,让座地角偏大,会导致方向偏左(7－24 趾部翘起);杆头的跟部翘起,让座地角偏小,会导致方向偏右(7－25)。

图7－23　杆头平放　　　　图7－24　趾部翘起　　　　图7－25　跟部翘起

在站位过程中,造成杆头趾部翘起的主要原因是站位与球之间的距离过大;造成杆头跟部翘起的主要原因是站位与球之间的距离太小或者握杆时没有握好(初学者女生中较为常见)。

杆头与球的接触部位。确保推杆用力的均匀,需要把力量传递到球中,由此,尽可能把球杆中心部放置在球的后方(图7－26),使用球杆的趾部与跟部进行推杆会造成很多的不稳定性(图7－27,图7－28)。

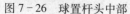

图7－26　球置杆头中部　　　图7－27　球置杆趾部　　　图7－28　球置杆跟部

为了找到正确的球位,在放球时可以让球上的商标朝向你击球的方向。也可以在球身画条线,把球摆正。这样,你就能知道击球时用的是不是杆面的中部了。如果击球后看到球不停地正对着目标方向滚动,且线位于球的中心位置,证明你的触球点正确。如果线摆向其他位置,证明触球点不正确。

三、瞄球

瞄球之前需要进行"阅读果岭"(观察果岭),尤其是在长推杆的过程中,观察果岭不仅仅是观察果岭的地形还需要观察草的生长,严格来说是从球道上开始,一边朝着果岭步行,一边查看你周边的地形。仔细观察果岭的地面,甚至还可以观察球洞的角度,做到对整个果岭表面的坡度心中有数。观察果岭的最佳方法是站在球的后方观察推球区。要保证双眼和地面平行。要蹲在地上,贴着地面看,这种方法能帮你看清推球区是平整的,还是向某个方向倾斜。如果有足够的时间,你还可以到对面去观察果岭,使球洞在你和球之间。在球和球洞之间的区域步行也是判断果岭坡度的好方法。

瞄球过程可以采用推杆进行辅助,找到你的球到球洞之间需要滚动的路径,找到相应的参照物(图7-29)。

图7-29　瞄球

四、推杆技术要领

握杆、站姿、瞄球之后,我们需要在球的后方进行一个完整的推杆击球动作。在做动作之前先在脑海里想象一下钟摆的动作,一个落地钟下方的钟摆摆动,速度均匀,左右两边摆动相同的距离。

(一)上杆

用手臂力量顺着目标线的后方延长线移动推杆,要使用包括手腕和肩部整个手臂的力量,让击球更加稳定。手臂和肩膀保持稳定的整体形态,如三角形或五角形;下半身要保持稳定,避免移动臀部、膝盖和脚。同时,头部也应该固定,眼睛盯着正下方球而非球杆(图7-30)。

(二)击球

当后摆杆到一定程度时,用上臂的力量将推杆以钟摆摆动形式击向球。手臂和肩膀仍旧保持稳定的形态,如三角形或五角形;下半身和头部保持不动。左臂、手腕和手需要呈平直的一条线,这是保持击球时刻稳定性的法宝(见图7-31)。

图7-30　推杆上杆　　　　　　　　　　　图7-31　推杆击球

(三) 送杆

送杆和上杆动作一致,只是位于身体另一侧。保证手臂和肩膀呈稳定的形态,如三角形或五角形;下半身不动。头部在推球时保持低下,左手腕保持平直。在推杆的整个环节,球员都要注视着球(见图7-32)。

在推球过程中,为了让身体稳定,应保持脊椎的角度,很多优秀球手会保持头部不动甚至推球过后也不抬头观察球的走向,他们会用耳朵听球入洞。除了要保持脊椎角度不变,用听代替看,以避免肩膀(因此也能避免胳膊)偏离目标线,也能更容易实现沿着目标线推球。听球入洞不仅能提高推球技术,而且美妙声响也是所有球手喜欢听到的。

在推杆学习中初学者常常会出现敲球的动作,"推"与"敲"的区别从击球一瞬间的声音与观看手腕动作即可得知,"敲"球的手腕动作过多,没有与身体协调用力,仅仅是手腕在用力(见图7-33),"敲"球很难控制球的滚动距离,因此不建议使用这样的方式进行推杆。

五、推杆训练方法

(一) 头部稳定训练

将一张废弃的CD反面朝上放在地面上,在CD的正中心位置放一只高尔夫球。当你做好推杆站位时,CD应该能照出你的脸。如果照不出,证明头部位置不对,需要调整。

(二) 距离与坡度控制训练

1. 上坡推

1码距离、2码距离、3码距离、5码距离,各5次。

图 7-32　推杆送杆　　　　　　　　　　图 7-33　敲杆

2. 下坡推

1 码距离、2 码距离、3 码距离、5 码距离,各 5 次。

3. 侧坡推

1 码距离、2 码距离、3 码距离、5 码距离,各 5 次。

(三) 转圈推球

以某个球洞为圆心,周围摆上一圈高尔夫球,距离不要太远,1~2 码即可,然后进行转圈推球,把这一圈中的每个球都推进洞。这种重复练习能帮你找到近推的感觉和信心。如果这圈球摆在了有坡度的球洞周围,你就等于上了个观察果岭"速成班"。

(四) 长距离推杆

以果岭上的一个球洞为圆心,选择一个 5 码以上的点进行推击球,主要是学习阅读果岭与掌握不同距离需要使用的力度,平时的打球是一个碗的大小,这时你可以想象球洞是一个盆大小,这样想能保证球到达洞口附近,确保第二杆能推进,使得球进洞的概率提高。

第四节　挥杆击球

挥动球杆让小白球飞起来,让高尔夫运动充满乐趣,本节将以铁杆为例介绍高尔夫挥杆基本原理、全挥杆技术(上杆、下杆和收杆)、短杆击球、沙坑击球、木杆发球的各种击球方法,这样就可以背上你的球包到球场击球了。

一、挥杆基本原理

高尔夫挥杆最佳的效果是击出的球又准又远。想要达到完美需要充分了解基本原理,只有对挥杆原理有了一个清晰的认识之后,才能做到万变不离其宗。哪怕动作不那么规范,只要本质不变,照样能打好高尔夫。这也正是每个人的挥杆都不一样,但依旧能打好高尔夫的原因。这属于基本击球原理,一共包括以下几个部分。

(一) 球的飞行原理

高尔夫球受到球杆击打之后离开地面(或 TEE)开始在空中飞行的过程中一共受到三个力的作用,重力、空气阻力以及由于高尔夫球旋转所产生的马格纳斯力,产生 9 种不同的飞行路径和轨迹。由此,也涉及四个要素:飞行距离、飞行弹道、飞行方向与弯曲程度(如图 7 - 34 所示)。

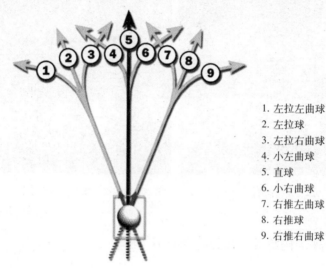

1. 左拉左曲球
2. 左拉球
3. 左拉右曲球
4. 小左曲球
5. 直球
6. 小右曲球
7. 右推左曲球
8. 右推球
9. 右推右曲球

图 7 - 34　球的飞行路径

(二) 挥杆轨迹

在球与目标点之间虚拟一条直线,在站位这一边称作内侧(Inside),另一侧称为外侧(Outside),所谓的挥杆轨迹就是在挥杆过程中杆头产生的轨迹。

杆头轨迹主要影响球的初始方向。杆头轨迹一般有由内向内(Inside-in)、由外向内(Outside-in)、由内向外(Inside-out)三种。相对于目标线来说,由内向内的挥杆是杆头先从目标线左侧下杆到与目标线方向一致,再到目标线左侧送杆;由外到内的挥杆是杆头先从目标线右侧下杆,在与目标线交叉后向左侧送杆;由内向外的挥杆是杆头先从目标线左侧下杆,在与目标线交叉后再向目标线右侧送杆。

1. 由内侧到内侧(Inside-In)的挥杆轨迹

见图 7 - 35。

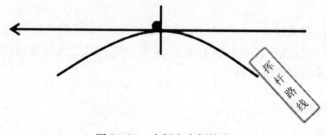

图 7 - 35　内侧向内侧轨迹

2. 由内侧到外侧(Inside-Out)的挥杆轨迹

见图 7 - 36。

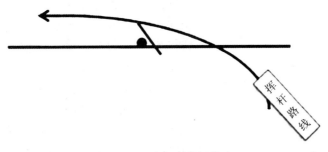

图 7 - 36　内侧向外侧轨迹

3. 由外侧到内侧(Outside-in)的挥杆轨迹

见图 7 - 37。

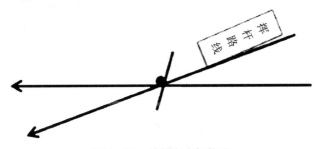

图 7 - 37　外侧向内侧轨迹

4. 杆头速度与挥杆速度

杆头速度是杆头在击球瞬间的速度,主要影响球飞行的距离。如果球击到了甜蜜点,那么杆头速度越快,球的初始速度就越快。

挥杆速度是指挥杆过程中转身或挥动手臂的速度,也是在单位时间内完成上杆、下杆、收杆动作这个过程的速度,挥杆速度一般分为快速、中速和慢速,它也反映了不同球员的击球风格。

杆头速度与挥杆速度很容易混淆,杆头速度不等于挥杆速度,快的挥杆速度并不一定能产生快的杆头速度,从某种意义上来说,我们追求的是杆头速度。

5. 杆面朝向

杆面朝向是指击球时杆面的开放、方正或关闭状态,主要影响球在飞行的末端方向。在同样的挥杆条件下,开放的杆面导致球的飞行向右偏,关闭的杆面导致球的飞行向左偏。

6. 击球角度

击球角度是指击球瞬间的动态杆面角度,不同的球杆杆面倾斜角度不同,主要影响球飞行的弹道(抛物线)和距离。正常情况下,木杆击球角度小,产生的弹道低飞行距离远;铁杆中短铁杆的击球角度大,产生的弹道高飞行距离近。

7. 挥杆平面

挥杆平面是指在挥杆过程中,以身体躯干为中心、以手臂和球杆为半径旋转形成的圆形斜向平面(如图 7 - 38 所示)。不同的球杆、不同的身高,以及不同的站姿都会影响到挥杆平面

图 7-38　不同的挥杆平面

与地面所形成的夹角。夹角越大,挥杆平面就越陡峭;夹角越小,挥杆平面就越扁平。

每个人都有属于自己的理想挥杆平面,并没有统一的标准。通常球杆越长,挥杆平面就越扁平;球杆越短挥杆平面就越陡峭。理想的挥杆平面最有利于球杆以正确的挥杆轨迹下杆击球,简而言之,就是让杆头更容易还原到击球位置,从而实现"从内侧到方正再到内侧"的挥杆轨迹。挥杆平面衡量的标准是在半挥杆位置的时候握杆末端的延长线是否指向球的位置或者略微内侧一点。假如是这样,那挥杆平面就已经接近完美了。如果指向球的外侧或者过多地指向内侧,则平面较为扁平或陡峭。假如挥杆平面较为陡峭,那么球员在下杆时就容易产生由外向内的挥杆轨迹,打出初始方向向左的球;假如挥杆平面较为扁平,就会导致挥杆轨迹由内向外,打出初始方向向右的球。

8. 挥杆节奏

节奏是一个音乐名词,它是指组织起来的音的长短关系。放到高尔夫上面,则是指挥杆各个组成部分的时间长短的关系,还包含挥杆过程中各部分动作顺序的关系。一个好的挥杆节奏看起来非常流畅,击球稳定,成功率高。通常来说可以分为开始上杆到上杆顶点与启动下杆至触球之间两个部分,大部分的职业球员的比例是 3∶1。以厄尼·艾尔斯为例,他的上杆时间为 0.75 秒,下杆时间则为 0.25 秒。如果把这个比例挥成 1∶1 或者 1.5∶1 之类的,那么就会出现上杆过快、节奏失衡的情况。也曾经有些高尔夫教练采用一句诗词"锄禾日当午"来进行节奏的教学。

9. 挥杆作用力

挥杆作用力是指球员在挥杆过程中身体克服阻力所释放的最大力矩,是力量和速度的有机结合,挥杆力量越大,杆头速度越快,球的初始速度就越大,球飞行得越远。

10. 动态平衡

动态平衡就是在运动中保持平衡,高尔夫运动中涉及挥杆的每个阶段都需要你的脊柱调整到适当的角度和特定的站姿,同时,你的手臂及其他部位还得挥动或协助挥杆。这是难度很大的一系列动作,要求身体的动态平衡相当敏锐。同时要合理地转移重心,将重量朝脚掌分配,膝盖略弯曲,以便在挥杆时保持平衡。动态平衡不好的高尔夫球员常常侧向运动的幅度过大,转体的幅度不够。

二、全挥动技术

本节的全挥杆技术主要是以中铁杆(7 号铁)为例,铁杆是一套球杆中较为精准的器材,每支铁杆产生不同的击球距离,铁杆的杆面角度越小,杆身越长,击球距离越远,飞行的弹道越低。按照球杆号码来说号码越小击球距离越远。由于球杆的长度不同,需要调整站位(如图 7-39 所示),木杆站位较远而挖起杆站位较近。

通俗地说,高尔夫运动的挥杆动作是由两次身体转动和以中心线为轴心的手臂挥动动作

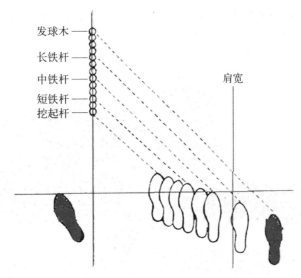

图 7-39　不同球杆的站位

组成的。球杆杆头做圆弧运动,杆头的速度、节奏、幅度以及身体移动的时间是由中心轴线来决定的。身体的动作是挥杆过程中的自然反应而非扭曲变形。具体体现为以下几个部分。

(一) 站位

球杆杆面方正对准目标以后,调整身体的各个部位,使其与目标线保持平行。同时根据不同的球杆确定与之相应的挥杆平面,采取正确的打球姿势(如图 7-40)。

图 7-40　中铁杆站位

要领:需要找到身体静态平衡状态,手臂放松,不要低头,臀部后顶,保持身体躯干部分挺直,球杆杆面方正并对准目标,在击球过程中保持这样的垂直关系。

(二) 引杆

引杆是指上杆前的起始部分,是指将杆头从击球准备时的状态向球的后方摆动到杆头开始偏离球与目标之间(目标线)的后延长线之间的动作。迅速的引杆与连贯的上杆给人干净利落的感觉(如图7-41)。

图7-41　中铁杆的引杆

要领：下颌略微抬起并微微转向右侧,颈部可以转动但头部不能有晃动,上杆的幅度为全挥杆的一半时叫半挥杆。在初学高尔夫的阶段,应多进行引杆到腰部位置的练习。当球杆到达腰部位置时,杆身应与地面和目标线保持平行,杆头的趾部指向天空。在到达半挥杆即球杆到达腰部位置之前,膝部没有任何动作。

(三)上杆

上杆是指从引杆结束到挥杆顶点之间的动作。从挥杆动作的整体来看,引杆和上杆之间并没有明确的区间界限,也没有任何停顿,引杆是上杆的起始,上杆是引杆的延续(图7-42)。

要领：借用杠杆作用增加力量,转动肩膀,双臂向上贴近身体,将杆头举起,大拇指指向天空,球杆握把的尾部指向目标线的延长线,球杆不要摆至身后,右膝微曲。

(四)上杆到顶点

上杆至顶点是指上杆和下杆两个动作之间转换的瞬间动作或状态,挥杆至最高点时,你的左手手腕应该放平,左手和前臂成一条直线。如果左手手腕和前臂之间有任何的弯曲,杆面在触球时就会打开或闭合。

上杆至顶点的理想状况是,你的左臂这时应该和瞄球时一样长,一样直。左肩应该在球后面,以便在下杆时进行大幅度扭转并向下运动。球杆此时的指向应该和目标方向大致相同。你的臀部应该转动了大约45度,右腿屈膝,身体大部分的重心落在了右脚跟的内侧(如图7-43)。

要领：基于自身身体的柔韧性和灵活性,肩膀尽量旋转90°;髋部最多转45°;左膝指向球内侧;尽量稳定下盘的同时,左脚跟可稍微向上抬起;右膝保持弯曲;身体重心放在右脚内侧;左肩在下巴正下方;右手肘自然贴住身体;球杆指向目标线的延长线,杆身保持水平,杆头顶端指向目标线。

图7－42　中铁杆的上杆　　　　　　图7－43　中铁杆上杆至顶点

　　另外,从杆头判断上杆至顶点之后会产生的结果,如图7－44所示,上杆至顶点杆面呈现出平的状态;如图7－45所示,球的走向很可能会偏左,一般的补救方法是挥杆时使双臂和球杆都往目标右边偏,但这样会制造出右飞球和左曲球;如图7－46杆面开放,球的走向很可能会偏右,一般的补救方法是挥杆时使双臂和球杆都往目标左边偏,但这样又会制造出左飞球和右旋球。

图7－44　杆面平放　　　　　图7－45　杆面闭合　　　　　图7－46　杆面开放

(五) 下杆

　　下杆是指从挥杆顶点到击球之间的动作,也可以称为因上杆而向右旋转的身体的"发条"向左还原的动作。上杆结束后整个身体自然要释放能量,下杆就是这一过程。下杆的顺序是:首先启动下身,重心开始向左侧转移,然后是手臂的下拉,最后才是杆头的下沉(如

图 7-47 所示)。

　　要领：下颌略微右转，头部要固定，不能有晃动；手臂牵引着球杆和杆头做下拉的动作。而手臂是跟随臀部的动作和重心的转移而运动的；在整个挥杆动作中都要保持身体的平衡；在杆面触碰球即击球之前，重心应完全转移到身体的左侧；杆头复原上杆轨迹的同时，应该有远离身体、抛向外侧的感觉。

图 7-47　中铁杆的上杆　　　　　　图 7-48　中铁杆的送杆

（六）送杆

　　送杆是指击球动作结束后到双手将杆身送到顶点并于地面平行时之间的动作。要把送杆看作击球的延续，不能认为已经击完球，以后的动作就无关紧要。事实上，在击球时不用看球的飞行方向，只要通过球员击球后的送杆即可判断击球效果。正确的上杆、下杆还要有正确的送杆才能确保完美的击球。否则会让球在飞行最后偏左或者偏右（见图 7-48）。

　　要领：在杆面和球接触以前，视线不能离开球位；手在挥杆的过程中，双手保持最初握杆的姿势，手腕部分不能有松垮的现象；为了双臂在穿过球位时活动自如，臀部应反向转动；杆头不能过早释放，否则会有能量的损失，减慢杆头的速度。

（七）收杆

　　收杆是指送杆结束到身体完全转向面对目标方向、整个挥杆过程停止之间的动作。收杆并不是刻意做出来的，而是正确、流畅且有节奏长的自然结果。收杆时，身体重心全部落在左脚跟。右肩比左肩要低，和开始挥杆时一样。杆身应该位于颈部右后侧。右脚跟离地，整个鞋底露在外面，只有脚尖踩在地面上。同时，皮带扣应朝向目标方向（如图 7-49 所示）。但身体柔韧度不同，动作也会有些区别：柔韧性好的人，皮带扣靠左一些；柔韧度差的人，皮带扣靠右一些。这两种动作都没错。收杆结束后可以从后方看到整个竖起的鞋底，也可以通过鞋底进行纠正动作（如图 7-50 收杆背面）。

图 7-49　收杆正面　　　　　　　　　图 7-50　收杆背面

　　收杆时保持平衡对于挥杆到位来说很关键。如果不能保持平衡,你就无法在重复挥杆动作时保持前后一致。刚开始学球时,可能会感到收杆动作做起来不舒服,但随着不断练习,身体会渐渐习惯重心的移动。

三、短杆击球

　　短杆击球技术一般是指 110 码以内的所有击球技术,对于职业球员而言,短杆击球的距离可以延长到 140 码,属于控制性挥杆击球,目的都是让球落在果岭上更靠近球洞的位置。短杆击球基本技术主要包括切杆、劈起杆及果岭边沙坑击球等基本技术。

(一) 切杆基本技术

　　切杆基本技术涵盖切击球与切滚球基本技术,两者都通过小幅度挥杆击球运动,让球从球道或果岭边缘近距离到达洞杯位置。在切击球过程中,球员下杆和送杆时将球杆保持在低位,这种挥杆动作与推击动作相似,只是动作幅度比推击动作稍大,杆头的高度始终位于膝盖以下,形成切击的球飞行弹道低、地上滚动距离比空中飞行距离稍远的特点;而切滚球的上挥杆与正常短杆的挥杆轨迹几乎相同,为了形成球飞行弹道低,且击出的球在空中飞行距离短、滚动距离长的特点,球员需要通过压低身体重心或重心放在左侧,同时减小下挥杆的动作幅度、放低送杆高度等方式来调整击球。

　　一般情况下,切球的目的是让球尽快落地,然后滚向目标,而不是让球一下子就击中目标或飞到目标附近。切杆球杆的选择有很多种方案,选择时要看击球的距离和旗杆位置。对于初学者来说,P 杆、9 号铁杆是个很棒的选择,因为它倾斜度够大,可以保证球能起飞,容易控制落点,也不会阻碍球在果岭上滚动。而沙坑挖起杆比上面提到的所有球杆倾斜度都要大,容易把球击到空中,所以更适合用来劈球而不是切球(如图 7-51 所示)。

图 7 - 51 切球

1. 切球基本要领

（1）球要放在靠后的那只脚前面。

（2）确保球杆握把端比杆头端更靠前（这样，杆身位置会超过球的位置，离目标更近）。双手要与左腿裤的裤线保持在一条直线上。

（3）抓紧握把末端下面 2 英寸（约 5 厘米）的地方。

（4）把身体重心移到靠前的那只脚上。

（5）鼻子要保持在球的前面，而不是后面。

（6）站立时使用开放式站姿，保证挥杆时臀部和双腿能够打开，以便收杆时球杆能回到你的身体左侧（摆出开放式站姿时，双脚的脚尖会连成一条线，这条线将会指向目标的左侧）。虽然切球挥杆比全挥杆要短，但还是需要有送杆和收杆动作。杆头经过球所在的位置之后运动不了几英尺，但是在挥杆动作的最后，你的臀部还是要转向目标。如果你的皮带扣还是对着地上的球，很可能你还没击球杆面就触地了。

在切球挥杆过程中，下杆送杆时应将球杆保持在低位。事实上，切球挥杆时杆的高度永远高不过膝盖；在切球过程中，你的左臂和杆身应该充当杠杆。击球后，试着用向下的击打力量刷草皮。切球挥杆是全挥杆动作的简化：球杆从弧线内侧开始运动，击球时与目标线垂直，击球后再回到弧线内侧。

2. 切杆训练方法

在切杆中，最常见的问题就是厚击球（杆面在触球之前先打地）和打薄（直接击中球上方）的情况。这两种情况都会引起一个问题——双手向上挑球动作。与铁杆的全挥杆动作一样，切击也需要向下击球，杆面角度自然会让球起飞。

（1）击球感觉（干净利落）。将球放在地面上，在它后方大约 20~30 厘米处再放置另一颗球，两颗球一定要平行于目标线；做好切击站姿——双手近距离站位、球位居中、身体重心偏向左侧（右手球手）。同时，双手小幅度前移，杆身倾向目标方向；在上杆和下杆过程中都不能触到后面的球。

这个练习迫使你沿陡直平面上杆，然后在球的正后方下杆击球。如果你将身体倾向右侧，杆头在上杆时就会接近地面，很容易触碰到后面的球。如果在击球时你将手腕上翻，也会出现同样的状况，但在练习时要注意双手不要过快起杆，用双臂及肩膀带动球杆做小幅度挥杆就可以了。

（2）避免手腕上挑勾击球。很多人总是怕击不到球，把球杆当成勺子，双手手腕向上挑球把球送出去，这是不合理的，也是不明白或者不相信球杆所造成的，球杆的杆面有它的设计理念——杆面角度就能将球成功送出，尤其是当你向下击球时，杆面就能扎实地击中球。

拿起挖起杆，在整个杆身 1/3 的位置上握好球杆，做好正常站姿：杆头处于球体上方，双手前置，重心前移，杆身要碰到左胯，或至少靠近左胯位置，做切击的挥杆动作，在收杆时，杆身与胯部保持一定距离。左手手腕在击球点时要扎实出击，只要你上挑手腕，杆身就会打到你的身上,同时在收杆时指向右侧。反复练习找到切击感觉之后,你就可以正常握杆击球了。注意球杆的收杆位置——与身体保持一定距离,而且不指向身体。

(3) 低弹道练习。在多数情况下,低弹道就已经能满足击球的需要。如果前方没有沙坑或其他障碍,击球的目标就是将球送上果岭并让它尽快地滚动。这就需要在切击时向下击球,让球贴近地面飞行,并在着地之后尽快地向前滚动。

低弹道的关键点:球位居中,双手位于球的前方,击球时感觉向下推,更多的身体重心移向左侧,在击球点过后,双手仍然处于球的前方。

做 30~40 码切杆练习,想象你与球洞之间有一个球门,用上面所讲的方法击球,让球从球门的横木下方通过,再试着打几个球,让它们从横木上方越过,观察你的击球点是否扎实,感觉到手腕是否向上挑球;试着用不同的挥杆方式来调整弹道,通过比较,你会知道哪种技术对你来说更有效果,而哪些方法容易出现问题。

(二) 劈球基本技术

劈球是指在果岭周围比较常用,能打出比切球的运动轨迹更高的球的一种打法。这种打法能使球飞越沙坑、水障碍、粗草区,到达球洞附近。因为劈球时球杆倾斜度大,球旋转的次数多,所以球不但飞得高,而且落上果岭后能迅速停住,而不是像切出的球那样沿着果岭持续滚动。

当劈出的球必须穿过沙坑和水障碍才能到达果岭时,在球杆选择上需要用大倾角球杆,挖起杆是不错的选择,球杆的斜度大能够保证球飞得高。

劈球站位,两腿分开的距离比切球时要宽,因为挥杆时需要从后往前转移的身体重量比切球时要多,手的握杆相对短一些,身体重心从右侧移到左侧。站直身体,把球放在两脚中间,两脚跟并拢。两脚的脚尖指向不同的方向,形成 V 字形。摆好这个姿势后,你可以调整脚的位置,然后击出低弹道、中弹道或高弹道的球。注意,双脚微微分开,臀部和双肩的左侧朝向目标方向,和双脚成一条直线(如图 7 - 52 劈球)。

图 7 - 52　劈球

1. 动作要领

(1) 低弹道劈起球。左脚前移对准目标,球放在所站位置的后部。杆身前倾超过球的位置,双手朝向左大腿。送杆时的挥杆高度不超过腰线。

(2) 中弹道劈球。把球放在双脚的中间,保证球到左右脚的距离相等。杆身应该和球在一条直线上,或者稍稍比球前倾。双手放在裤子拉链的正前方。送杆时的挥杆高度与腰线相同。

(3) 高弹道劈球。右脚远离目标,向后移动,球在所站位置的前部。杆身应位于球的正后方,双手正好位于肚脐右侧。挥杆时要一气呵成,击球的瞬间把手腕处拧起来的那股力量释放出来,以增加球的飞行高度。

2. 劈球的训练方法

(1) 细绳训练。想要打出干脆果断的劈起球,你的重心必须置于身体前方,并把球杆带到球处,这样会先接触球再接触草皮。这项训练会优化你的触球能力和控球能力。把一条细绳、一根小树枝或其他大约 30 厘米长的物体垂直于你放在地上。准备好站姿,让细绳以你非目标侧的脚为起始点。把球放在你的站位中线上,以这个姿势完成劈球,注意杆头在触球前越过细绳,重复训练 10 次。

（2）击球效果。这项训练是为了帮助你在接触地面前先接触到球。向练习果岭劈球(不需要具体目标)。在抬头关注球的飞行之前,先确定球的原位置。当你看到了该位置后,再抬头观察你的球落在何处。重复训练 10 次。

（3）目标训练。距离控制对成功地劈起球来说至关重要。你必须能够使球落在果岭上具体的某一位置,才能使它滚向球洞。这项训练是为了帮助你掌握这个关键技巧。记住,想要获得对距离的掌控,你需要调节后挥杆的距离,而不是改变挥杆的速度。把高尔夫毛巾放在距离球洞 18 米、37 米、55 米的位置上。选一个合适的位置,从最近的毛巾开始,按顺序向每个目标劈球 10 次,尽量让球落在目标毛巾上。如果球落在目标上,给自己 5 分;如果球落在距离目标9 米之内,给自己 3 分;如果球落在距离目标 9 米或 9 米以外,给自己 1 分。向每个目标劈起球10 次,总共 30 个球。

（三）沙坑击球基本技术

沙坑击球就是把球从沙坑中击出。在球场设计中,通常沙坑会设置在果岭周围或者球道中发球的第一落点处。因此主要分为果岭边沙坑击球和球道沙坑击球,沙坑大小不同,深浅各异,沙质也有粗细、干湿之分,还有白沙与黄沙两种。在打高尔夫过程中常常有掉进沙坑的可能。一般情况下,高尔夫爱好者都不会刻意把球击进沙坑,增加难度。因此需要根据自身的情况选择不同的击球策略。

1. 球进入沙坑常有状态

从远处飞进沙坑的球会产生两种结果,也就是产生不同的球位,不同球位需要不同的击打方法。

（1）球落在沙的上面或者有凸起的沙托上,像在球座上一样(如图 7-53 球在沙上),是球在沙坑中较好的位置。可以将挖起杆击向球底下的沙层击球。从这个位置击球,球会因为旋转的缘故突然停下或者到达果岭后马上停止滚动。

（2）飞行较高的球如果直接落在了沙坑中,特别是松软的沙坑时,会被沙子"埋住",俗称

图 7-53　球在沙上

图 7-54　球在沙中

"荷包蛋"(如图 7-54 球在沙中)。这种位置的球要求击球时杆面较为闭合,从而抵消球周围多余沙子的阻力。这样的球救起之后会滚动很久,所以你要确保选择的落地点与目标之间有足够的滚动距离。

2. 果岭边沙坑击球

果岭周围沙坑可能会位于果岭的前面、侧面或是后面。因为是球洞的最后一道防线,所以这些沙坑通常比球道上的沙坑更深、更陡,需要有更好的球技才能使球躲过沙坑,到达推球区,增加球场难度,考验高尔夫爱好者技术。

(1)球杆选择与反弹角。要想把球从果岭旁沙坑中救上来,需要选用合适的球杆,摆出正确的站位,选择合适的入沙点击球,收杆动作正确。事实上,果岭旁沙坑救球的球杆不难选择,用沙坑挖起杆或高抛挖起杆即可。但这些球杆必须具备适当的倾斜度和"反弹角"(如图 7-55 球杆反弹角),不然救球的成功率就会降低。挖起杆在球杆底部设计有反弹角,反弹角有利于球杆在沙子中快速通过。挖起杆的前缘像刀片一样削入沙地,底部的棱角"反弹角"用来决定方向。反弹角帮助球杆冲出沙层。反弹角角度如果较小,球杆会陷入沙层,会阻碍球杆的通过,无法把球抛出沙坑。

图 7-55 球杆反弹角　　　　　图 7-56 杆面打开

(2)站位。为了增加平稳性,你在果岭旁沙坑中站立时两脚间距离比平时球道铁杆击球的站立要稍微宽一些,把球放在双脚正中间的位置,将脚伸进沙子中(比在球道沙坑内更深)以保持身体平衡。如果球位于上坡或下坡,这样站立尤其重要。身体大部分的重心应该放到靠目标侧脚上,同时目标侧脚微微打开,朝向目标方向。球杆杆面呈打开状态(如图 7-56 杆面打开),让反弹角发挥作用,把球挖出来。

(3)上杆。身体朝向挥杆的方向,即上下杆都要沿着这个方向进行。球会沿着杆面方向弹出,飞向目标,并轻柔地落在果岭上,挥杆动作与平常完全一样,只是要选择比较陡峭的挥杆平面,杆头不是直接击球,而是击打在球后方的沙子上,身体躯干部分保持站位时的倾斜角度,但身体不要用任何上升动作,要保持重心的稳定性。

(4)击球。身体重心应移到双脚的前部,为了击打球后方的沙子应向下击球,同时要有双肩下沉而杆头后拉的感觉,眼睛注视挥杆动作,头部不能有移动。在上杆的过程中,非目标侧膝要成为整个身体转动的轴心,在下杆及送杆的过程中目标侧膝要起到相同的作用。在杆头钻进沙中之前,重心要位于身体的目标侧。击球时转动臀部使手臂活动自如,杆头从沙中迅速通过。另外要特别注意的是,在挥杆的过程中杆头一定要滞后于双手。

(5)送杆。沙坑击球不是直接击球而是击沙,杆头击中球后方的沙子,球借助沙子的力量被抛出,所以打沙坑球最好上杆可以幅度小一些,但是送杆要充分,杆面斜度越大球的弹道也越高,双臂应用力挥出,杆头滞后于双手但要对准目标方向,球杆应沿着站位时的身体方向移动,因杆面指向目标方向,球自然也会飞向目标。

(6)收杆。正确的收杆动作要求将身体重心在前面那只脚上并保持平衡,收杆时身体不要向后仰,除非是在上坡击球。

3. 球道沙坑击球

球道沙坑救球与果岭旁沙坑救球有几点区别如下。

(1)在球道沙坑救球时,应该抬头挺胸地站立,双脚只是为了保持平衡浅浅地伸进沙中。腿部动作没有在果岭旁沙坑救球时那么大,保持下半身平衡。为了打出理想距离,应当使用比惯用球杆大一号的球杆。例如,如果你一般用8号铁杆就能打出130码距离,球道沙坑击球时则需要用7号铁杆。

(2)在球道沙坑救球时,挥杆路径比在果岭旁沙坑救球击球时更长,挥杆幅度更大。

(3)在果岭旁沙坑救球时,目的是让球落到果岭上,而在球道沙坑击球时,球可能无法到达果岭,需要考虑到这一杆击球之后球落到一个合适自己进攻果岭的位置。

(4)在球道沙坑救球时,球杆首先触到的是球,而不是沙子。你应该努力甩掉球上面的沙子。击球后留下的凹坑是在球原来位置的前面,而不是后面或下面。

4. 上坡沙坑击球

如果球位于沙坑内的上坡,你需要相应地调整姿势。一般的做法是,身体向沙坑内倾斜,肩膀和地平线保持垂直。但是,这样做会导致球杆插入沙层过深,球可能会原地不动。相反,不论是在摆出站立姿势时,还是在整个挥杆过程中,肩膀都应该朝球的方向倾斜。身体重心基本放在靠后的那只脚上,但注意保持重心稳定。因为球飞得越高,越有可能轻轻落在果岭上,而不会滚动太久,所以切记落点要选在离目标比较近的地方。

5. 下坡沙坑击球

如果球位于沙坑内的下坡,你需要相应地调整姿势。一般的做法是,身体向沙坑内倾斜,肩膀和地平线保持垂直。相反,不论是在摆出站立姿势时,还是在整个挥杆过程中,肩膀都应该朝球的下方倾斜。身体重心基本放在靠前的那只脚上,但注意保持重心稳定。因为在下坡救球时,球飞得较低,落在果岭上之后滚动的时间会比较长,所以切记落点要选在离目标比较远的地方。为了补偿球飞行的高度,要尽量使杆面打开,瞄准时双脚稍稍偏向目标左侧。

6. 沙坑击球训练方法

(1)划线训练。在球的后方2—4厘米的地方用球杆画一条线,训练击球时球杆切入沙坑时的位置,以调整自己的站位或者动作,重复训练从而获得完美的击球效果(如图7-57所示)。

(2)画圈训练。在球的周围用球杆画出一个圆圈,形成一个像荷包蛋一样的形状,练习击球时就像用球杆把整个荷包蛋抛出沙坑的感觉,不断重复练习才能形成完美的效果(如图7-58所示)。

图 7 - 57 划线训练

图 7 - 58 画圈训练

四、木杆发球

发球也叫开球,是高尔夫比赛的开始,当你站上发球台,眼眺前方的球道,从球包中抽出你的 1 号木杆,把球架在球座上,挥动你的球杆,小白球从球座上一跃而起,伴随空中"嗖"的一声飞向球道远方,这种痛快的感觉会让你喜欢上高尔夫。

(一) 架球

由于 1 号木杆的杆头是所有球杆中最大的,击打时扫过球后会向上摆动,所以你需要把球放在比使用其他球杆时更高的位置上,这时选择较长的球座(TEE),可以帮助更好地开球。现在使用的球座多为木质或者塑料制品,早期高尔夫球座是一盅倒盖过来的沙子。

架球的高度一般是球的中心线与球杆杆头上盖齐平,在插球座时应注意,球座插入地面以后要稍微向上拔起,从而降低球座对杆头的阻力,减少能力的消耗(如图 7 - 59 所示)。

图 7 - 59 木杆中架球

(二) 发球区

每个洞都会根据不同的难度设置 3~5 个发球区——一片由两个标志限定的区域(如图 7 - 60 所示),告诉你从哪里开始发球。你可以把球放到两个标志之间的任何地方。而离开标志的横向最远距离是在两杆长度的范围之内。按照规则在标志的前面或外面发球是不允许的,如果球在发球区内,双脚可以站在标志外面。

(三) 站位

把球放在靠近左脚跟内侧的地方。头要保持在球的正后方,但双手要和球在一条直线上。握杆时,肩部自然倾斜,左肩比右肩稍高。双脚打开与肩同宽,把身体 60% 的力量放在右脚上,保持目标侧肩稍高于非目标侧肩,球位与目标侧脚后跟对齐(见图 7 - 61)。

(四) 引杆与上杆

开始挥杆前,你的双手、双肩和杆头都要离发球、向后转到身体内侧,同时两个手腕开始拧上一股劲(如图 7 - 62 木杆发球中的引杆)。

图 7 - 60　发球区域

(a)　　　　　　　　　　　　　　　　　(b)

图 7 - 61　发球站位

(a) 发球站位正面　(b) 发球站位侧面

随着球杆向上,你的双手朝着右臀部移动,手腕处用的力量随之变大。球杆应该与你的右臀部成 45 度角。同时,你的身体重心慢慢移到右脚跟上(如图 7 - 62 木杆发球中的上杆)。

(五)上杆到顶点

上杆到达顶点时,杆身应大致与地面平行。这取决于你身体的柔韧性——柔韧度好的人能做到杆身与地面平行,身体柔韧性差的人不需要这么大的挥杆幅度。理想的状况是,目标侧肩(左肩)应该在球后面,并指向球的方向,以便下杆时进行大幅度扭转并向下运动。球杆此时的指向应该和目标方向大致相同,身体大部分的重心落在右脚跟的内侧(如图 7 - 63 木杆发球上杆至顶点)。

(六)下杆

下杆时,你应该感到好像身体正舒展开来,同时,头部却仍然在球的后面。球杆握把的末端应该沿着目标线内侧轨道朝着球向下运动。身体重心应该开始转移到目标侧脚上,随着身

(a)　　　　　　　　　　　　　　　　　(b)

图 7 - 62　引杆与上杆

（a）木杆发球中的引杆　（b）木杆发球中的上杆

图 7 - 63　木杆发球上杆至顶点　　　　　图 7 - 64　木杆发球中的下杆

体变成这个姿势，双手应握住球杆，握把末端朝向球。此时杆头应落在你的双手后面，而双膝仍然朝着球。

击球的瞬间，头部应该在球杆后方，肩、臂、球杆和球几乎成一条直线，非目标侧脚内侧不能离地，臀部和皮带扣应该转向目标方向（如图 7 - 64 木杆发球中的下杆）。

（七）送杆与收杆

送杆是击球过后的随势动作，以身体的转动为核心，压低身体把球杆向目标送出。同时，保证身体脊柱角度不发生变化以及身体不发生侧移，随着身体旋转，非目标侧脚跟离地，非目标侧手腕盖过目标侧手腕。

收杆时，身体重心全部落在目标侧脚跟上，和开始挥杆时一样。杆身应该位于颈部右后侧。非目标侧脚跟离地，只有脚尖踩在地面上，从后方可以看到竖起的鞋底。皮带扣朝向目标方向（图 7 - 65 木杆发球中的收杆）。

（八）木杆训练方法

把你包里的所有木杆都拿出来，除了 1 号木杆。假设你有 3 号、5 号木杆，在练习场上选

图 7-65　木杆发球中的收杆

择三个对于 3 支球杆来说距离都合理的目标。目的是用每支球杆连续打出 3 个好球(根据自身情况决定好球的标准)。在你打完 3 个好球之后,这支球杆就完成了使命。如果你打出两个好球并错失了第三个,你就要重新开始。计算连续打出 3 个好球需要的总杆数,用这个数除以木杆的数量,得出每支球杆打出好球的平均次数。最好的平均数是每支球杆 3 次。你的目标是做到每杆击出 3 个连续的好球,总杆数不超过 12 次。

举个例子,对于一个标准 5 杆洞,很难到达球洞,木杆会比铁杆把球打到离果岭更近的地方。当你为此使用木杆时,精度比距离更重要。距离方面的目标可能是把球尽量打远的同时保持球落在球道上。

在这项训练中,回想你完成的击球入某个球洞,当你使用木杆在球道上移动球的时候,考虑球道的宽度,预设练习场上球道的界限。在练习场上打 10 个球。把球打到与预设相同的正确位置给自己 3 分,球落在球道上但是位置不正确 2 分,打到长草区或者沙坑等障碍区 1 分。

拓展阅读

学会打高尔夫需要遵循的十条准则

(1) 找一位优秀的教练,并坚持一直和他学下去。

(2) 遵守时间表的安排,训练自己按照教练的要求练习。

(3) 集中精神。

(4) 从错误中学习,让坏事变成好事。

(5) 放松。不急不躁才能学得好。

(6) 重点练习那些你感觉有难度的击球。

(7) 确立目标。记住,高尔夫是一项目标明确的运动。

(8) 保持积极乐观的态度。打好高尔夫球并不容易,消极情绪只会伤害你自己。

(9) 感觉累了就停下来,坏毛病是在疲劳时产生的。

(10) 每节课后对自己做个总结,看看是否进步。

资料来源:加里·麦科德.阿呆系列——高尔夫[M].北京:机械工业出版社,2004.

附录：高尔夫运动规则

高尔夫运动的规则就像生活中的法典一样需要高尔夫球员、高尔夫爱好者共同遵守，全球通用的高尔夫规则是由英国皇家古典高尔夫俱乐部(R&A)与美国高尔夫球协会(USGA)共同制定和发布的。

一、高尔夫规则相关定义

异常球场状况(Abnormal Course Condition)：指球场上任何临时积水、整修的或由掘穴动物、爬行动物、鸟类造成的洞穴、刨出来的土堆或者通道。

助言(Advice)：任何能够影响球员打球决断，球杆选择或击球方法的劝告或建议。但是助言不包括公开的信息，例如：物体在球场上的位置；从某一点到另一点的距离或规则。

动物(Animal)：动物界任何活着的成员(人除外)。

动物的洞穴(Animal Hole)：动物在地里所挖的任何洞穴，但同时被定义为散置障碍物的动物(例如蠕虫或昆虫)所挖的洞穴除外。

球场区域(Areas of the Course)：由规则划分的构成球场的以下五种区域：(1)普通区；(2)你开始自己的比赛球洞时必须从其中打球的发球区；(3)所有的罚杆区；(4)所有的沙坑；(5)你正比赛球洞的摆杆果岭。

球标(Ball-Marker)：拿起一个球之前用来标记你的球所在位置的人工物品，例如球座、硬币、制作成球标的物品或其他小型装备。

界外标志(Boundary Object)：标定或指示界外的人工物体，例如墙壁、栅栏、立桩和栏杆。规则不允许从这里采取免罚补救。界外标志包括界外栅栏的任何底座和立柱，但是不包括连接在墙壁或栅栏上的倾斜的支架或绳索；或用来跨越该墙壁或栅栏的任何台阶、桥或类似的建筑物。界外标志不是妨碍物，也不是基本组成物。

沙坑(Bunker)：一个经过特别整理的、由沙子构成的区域。该区域多呈回状，经去除草皮或泥土而成。

球童(Caddie)：一轮比赛中帮助你携带、运送或管理你的球杆，并且/或者给你提供助言的人。

球杆长度(Club-Length)：你在一轮比赛中所拥有的14支(或更少支)球杆里最长的那支球杆的长度，但推杆除外。例如，如果你在一轮比赛中的最长的球杆(除了推杆外)是43英寸(109.22 cm)的一号木，则你在这一轮比赛中的一个球杆长度就是43英寸。

委员会(Committee)：负责比赛或球场的一个人或一组人。

影响击球的环境(Conditions Affecting the Stroke，中文简称"击球环境")：你的静止中球的球位、预计站位区域、预计挥杆区域、打球线和你将要抛球或放置球的补救区。

球场(Course)：委员会设定的任何边界线以内的全部比赛区域。边界线向地面上空和地面下方两个方向延伸。

抛(球)(Drop)：出于让一个球进入比赛状态的意图，用手持球并松手使其经过空中落下。各条补救规则均指出了特定的补救区,你的球必须被抛在并静止在其中。

采取补救时,你必须从其膝盖高度的位置松手,以便让这个球垂直落下,但你不得扔掷、转动或滚动这个球,也不得使用其他可能影响这个球静止地点的动作;而且在碰到地面之前没有触及你身体的任何部位和装备。

陷入地面(Embedded):你的球位于你上一次击球造成的落痕内,并且球体有一部分低于地面高度。你的球不一定非要触及泥土才能被视为陷入地面。

装备(Equipment):你或你的球童使用、穿着、手持或携带的任何物品。用于维护球场的物品,例如沙耙,只有当它们被你或你的球童持在手中或携带时,才属于装备。

装备规则(Equipment Rules):你在一轮比赛中允许使用的球杆、球以及其他装备的规格和其他规定。

旗杆(Flagstick):委员会提供的一根可移动的杆子,它插在球洞中用来向你指示球洞的位置。

普通区(General Area):除了以下四种规则划分的球场区域之外的所有球场部分。(1)你开始各比赛球洞时必须从其中打球的发球区、果岭;(2)所有的罚杆区;(3)所有的沙坑;(4)你正比赛球洞的推杆果岭。

一般性处罚(General Penalty):比洞赛中的该洞负或比杆赛中的罚2杆。

整修地(Ground Under Repair):委员会标定为整修地的任何球场部分(无论是通过标记还是其他方式)。

球洞(Hole):你正比赛球洞的推杆果岭上的结束地点。

进洞(Holed):当你的球在击球后静止在球洞内,并且整体都在推行果岭表面以下时,你的球即“进洞”。当规则里提及“击球进洞”时,其意思是你的球进洞。

优先权(Honour):你从发球区首先打球的权利。

不可移动妨碍物(Immovable Obstruction):不过分费力或不造成该妨碍物或球场的损坏即无法移动的任何妨碍物,并且在其他方面不符合可移动妨碍物的定义。

改善(Improve):改变一种或多种你的击球环境,或改变影响你打球的其他客观环境,使你的击球获得潜在的利益。

比赛状态/比赛中(In Play):你的球位于球场上并且正在一洞比赛过程中被使用的状态。

基本组成物(Integral Objiect):被委员会界定为球场挑战性的一部分而不允许从此处采取免罚补救的人工物体。基本组成物既不是妨碍物,也不是界外标志。

知道或几乎肯定(Known or Virtually Certain):判定你的球发生过什么的标准。例如,你的球是否进入并静止在罚杆区内,它是否移动了或什么导致了它的移动。

球位(Lie):你的球静止的位置,以及任何触及或紧靠你的球的生长着的或连接着的自然物体、不可移动妨碍物、基本组成物或界外标志。散置障碍物和可移动妨碍物不属于球位的一部分。

打球线(Line of Play):你希望击球之后这个球运动的线路,包括该线路向地面上空及其两侧延伸的适当距离所构成的区域。打球线不一定是两点之间的直线(例如,根据你希望球运动的路线,它可能是一条曲线)。

散置障碍物(Loose Impediment):任何没有与其他物体相连的自然物体。

遗失(Lost)：一个球在你或你的球童(或你的伙伴或伙伴的球童)开始找球后 3 分钟内未找到它的状态。

标记(Mark)：通过在紧靠这个球后或球旁边放置一个球标，或持握球杆置于紧靠这个球后或球旁边的地面上的方式指示一个球静止后的位置。

记分员(Marker)：比杆赛中负责在你的记分卡上记录成绩并证明该记分卡的人员。记分员可以是另一名球员，但不能是你的伙伴。

比洞赛(Match Play)：一种赛制，由你或你这一方在一轮或数轮面对面的比赛中直接对抗一名对手或另外一方。

可移动妨碍物(Movable Obstruction)：不费力即可移动而且不会损坏该妨碍物或球场的妨碍物。

移动(Moved)：指的是你的静止中球离开其初始位置并静止在任何其他位置，而且肉眼可以看到这个现象(无论是否有任何人实际看到)。无论你的球是从初始位置上升、下降，还是在任何方向上水平移开，上述解释均适用。

自然力(Natural Forces)：诸如风、水或者因重力而使一些事情没有明显原因就发生了的自然效应。

最近完全补救点(Nearest Point of Complete Relief)：你从异常球场状况、危险动物情景、错误果岭或禁打区(采取免罚补救，或者按照某当地规则采取补救时的参考点)。

禁打区(No Play Zone)：委员会禁止打球的球场部分。禁打区必须被标定为异常球场状况或罚杆区的一部分。

妨碍物(Obstruction)：除基本组成物和界外标志之外的任何人工物体。

对手(Opponent)：一场比赛中你对抗的另一个人。"对手"这个术语仅用在比洞赛中。

外部因素(Outside Influence)：任何对你的球、装备或球场产生影响的人或物体。

界外(Out of Bounds)：位于委员会标定的球场边界线以外的所有区域。在该边界线以内的所有区域均属于界内。球场的边界线既向地面上空延伸，也向地面下方延伸。

伙伴(Partner)：在比洞赛或比杆赛中，与另一名球员作为一方一起比赛的球员。

罚杆区(Penalty Area)：你的球静止在其中后允许罚 1 杆补救的区域。

罚杆区分为两种，可以用标记的颜色进行区分：

• 黄色罚杆区(用黄线或黄桩标记)为你提供了两种补救选项。

• 红色罚杆区(用红线或红桩标记)在黄色罚杆区可用的两种补救选项的基础上，又给你增加了额外的一个侧面补救选项。

最大可用补救点(Point of Maximum Available Relief)：你从沙域内的异常球场状况或推杆果岭上的异常球场状况采取免罚补救时，当没有最近完全补救点时的一个参考点。

暂定球(Provisional Ball)：你刚打的球可能出界，或在罚杆区外遗失时打的另一个球。

推杆果岭(Putting Green)：你正比赛球洞的一片区域，该区域特别为推击准备，或被委员会标定为推杆果岭(例如使用临时果岭的场合)。

裁判员(Referee)：委员会指定判定事实问题并执行规则的官员。

补救区(Relief Area)：你按照某条规则采取补救时必须在其中抛球的区域。每条补救的规则都要求你使用一个特定的补救区。

放置回(原位)(Replace)：把一个球放下然后松手，其意图是使这个球进入比赛状态。

轮(Round)：指的是按照委员会设定的顺序所打的 18 个或更少数目的球洞。

记分卡(Scorecard)：比杆赛中记录你各洞成绩的文件。

严重违规(Serious Breach)：比杆赛中当你从错误的地方打球后，与在正确的地方击球相比，你获得了重大利益。

方(Side)：在一轮比洞赛或比杆赛中作为单一组合参加比赛的两名或更多名伙伴。

站位(Stance)：你在准备击球和击球时双脚和身体摆放的位置。

击球／击打(Stroke)：为击打球而使你的球杆向前的运动。

一杆加距离(Stroke and Distance)：你按照规则 17、18 或 19 采取补救时从你上一次击球的地方打一个球的处置程序和处罚。

比杆赛(Stroke Play)：一种赛制，由你或你在的一方对抗比赛中所有其他的球员或参赛方。

替换(Substitute)：通过使另一个球成为比赛中球的方式更换你在某个球洞比赛中正使用的球。

球座(Tee)：用来把你的球架离地面以便从发球区把它击出的一种物品。它不得长于 4 英寸(101.6 mm)，并且必须符合装备规则的规定。

发球区(Teeing Area)：你开始各比赛球洞时必须从其中打球的区域。发球区是一个纵深为两个球杆长度的长方形区域：

• 它的前端由委员会摆放的两个发球区标志的最前端的点的连线决定；以及

• 它的两侧由这两个发球区标志的外侧点向后的连线决定。

临时积水(Temporary Water)：地表面上任何临时性的积水（例如下雨或灌溉造成的水洼，或从一片水域中溢出来的水）。它不在罚杆区内，并且在你站位前或站位后（没有用你的脚过度向下踩）是可见的。

错球(Wrong Ball)：除你的以下球之外的任何球——比赛中球、暂定球或比杆赛中按照规则打的第二个球。错球的例子包括另一名球员的比赛中球、被遗弃的球或你已经出界的球、遗失的球，或者被拿起后尚未投入比赛状态的球。

错误果岭(Wrong Green)：球场上除了你正比赛球洞的推杆果岭外的任何果岭。错误果岭是普通区的一部分。

错误的地方(Wrong Place)：球场上除规则要求或允许你打自己的球的地方以外的任何其他地方。

二、高尔夫运动基本规则

规则 1 高尔夫球运动、球员的行为和规则

本规则关于以下几条高尔夫球运动的核心原则：

• 在球场的现有状况打球和在球的现有位置打球。

• 遵照规则打球，尊重这项运动的精神。

• 如果你违反了某条规则，你有责任对自己施加处罚，从而使自己不会得到任何高于比洞赛对手或比杆赛其他球员的潜在利益。

规则 2 球场

本规则关于球场的基本概念：

- 球场被划分为五种球场区域；
- 球场里有几种被规则定义的物体和状况，它们可能对打球造成妨碍。

了解球所在位置及任何妨碍打球的物体和状况的属性十分重要，因为它们经常会影响到你打球或采取补救的选择。

规则3　高尔夫球比赛

本规则关于所有高尔夫球比赛的三个核心要素，即：

- 比洞赛或比杆赛；
- 个人参赛或与其他伙伴结成一方参赛；以及
- 用总杆成绩（不运用差点杆数）计分或用净杆成绩（运用差点杆数）计分。

规则4　球员的装备

本规则关于一轮比赛中可能使用的装备。高尔夫球是一项充满挑战性的运动，成功应当取决于你的判断、技术和能力，这是本项运动的原则，为此：

- 你必须使用合规的球杆和球；
- 你所使用的球杆数量被限定在14支（含）以内，而且正常情况下不得替换损坏的或者丢失的球杆；并且
- 规则就你使用对你的比赛提供人工协助的其他装备也做了限制。

规则5　一轮比赛

本规则关于一轮比赛进行的方式，例如在一轮比赛之前或之中你可以在球场上进行练习的区域和时间，一轮比赛何时开始和结束，中止或恢复比赛时需要做什么等。你应当：

- 准时开始各轮比赛；并且
- 在各洞比赛期间连续、快速打球，直至该轮比赛结束。

轮到你打球时，建议你完成该次击球的时间不超过40秒，通常还应更快一些。

规则6　一洞比赛

本规则关于一洞比赛的进行方式，例如开球以开始一洞比赛的特定规则、整个一洞比赛中使用同一个球的规定（允许替换球的场合除外）、打球的顺序（这一点在比洞赛中较比杆赛中更为重要），以及完成一洞比赛等。

规则7　寻找球：找到和辨认球

本规则关于每一次击球后用合理的行为适度寻找自己的比赛中球。

- 但你仍须谨慎，因为如果你的行为过分并导致改善了影响下一杆的击球环境，将受到处罚。
- 如果球在你试图找到或辨认时被意外移动，你不会受罚，但此后必须把这个球放置回初始地点。

规则8　在球场的现有状况打球

本规则关于高尔夫球运动的一项核心原则："在球场的现有状况打球。"当你的球静止后，通常你必须接受影响其击球的环境，并且在打球前不得改善这些环境。然而，你可以采取某些合理的行为，即便这些行为改善了击球环境。此外，在某些少数情况下，有些环境在其被改善或破坏后可以得到恢复，从而不予处罚。

规则9　在球的现有位置打球；静止中球被拿起或移动

本规则关于高尔夫球运动的一项核心原则："在球的现有位置打球。"

- 如果你的球静止后被诸如风或水等自然力移动，通常情况下你必须从新的地点打球。

● 如果你的静止中球在击球前被任何人或任何外部因素拿起或移动,你的球必须被放置回其初始位置。

● 当你位于任何静止中球附近时,都应小心谨慎。通常情况下,如果你导致自己的球或对手的球移动,你将受到处罚(推杆果岭上除外)。

规则10　准备击球与击球;助言与帮助;球童

本规则是关于如何准备及进行击球,包括你可以从其他人(包括球童)那里获得的助言和其他的帮助,其潜在的原则是,高尔夫球是一项需要技巧和充满个人挑战的运动。

规则11　运动中球意外撞到人、动物或物体;影响运动中球的故意行为

本规则是关于运动中球撞到了人、动物、装备或球场上的任何其他物体该如何处理。当这种情况是意外发生的,不管利弊如何,通常情况下你必须接受该结果,并且要在球静止的地点继续打球,不受处罚。规则11还同样限制你通过故意采取行动以影响任何运动中球可能静止的地点。

本规则在任何时候都适用于运动中的比赛中球(无论是击球后还是其他原因造成的运动),除了当你的球被抛在一个补救区内并且尚未静止的时候。

规则12　沙坑

本规则是一条针对沙坑的特定规则。沙坑指的是一个经过特别整理的区域,其目的为测试你从沙子里打球的能力。为了确保你能面对这样的挑战,在沙坑内对你击球前触碰沙子和可以采取补救的地点都有一些限制。

规则13　推杆果岭

本规则是一条针对推杆果岭的特定规则。由于推杆果岭是为了沿着地面击球而特别整理的区域并且在每一个推杆果岭上都有插在球洞中的旗杆,因此相较于其他球场区域有一些不同的规则适用于推杆果岭。

规则14　球的处置程序: 标记、拿起和擦拭读: 放置球回原位;在补救区内抛球;从错误的地方打球

本规则关于标记静止中球所在的位置、拿起和擦拭该球的场合与方式,以及为了从正确的地方打球如何把球重新投入比赛状态。

● 把你的被拿起或移动的球放置回原位时,必须把同一个球放置回其初始位置。

● 在采取免罚杆的补救或罚杆补救时,你必须将一个替换球或初始球抛在特定的补救区内。

打球之前,你可以纠正运用这些处置程序中出现的错误,不受处罚。但是,如果从错误的地方打了球,你将受到处罚。

规则15　散置障碍物和可移动妨碍物的补救(包括有助于或妨碍打球的球或球标)

本规则是关于散置障碍物和可移动妨碍物采取免罚补救的场合及方式。

● 这些可移动的自然和人工物体并不被视为球场打球挑战性的一部分,当它们对你的打球构成妨碍时,规则通常允许你移走这些物体。

● 但是,在推杆果岭以外的地方,你在移动你的球附近的散置障碍物时需要小心,如果因此导致球移动,你会受到处罚。

规则16　异常球场状况(包括不可移动地面的球的补救妨碍物)、危险动物情景及陷入

本规则关于遇到诸如异常球场状况或危险动物情景等的妨碍时,可以通过在另一个地方

打球采取补救的场合和方式。

• 这些状况并不被视为球场挑战性的一部分，除了在罚杆区以外，通常都允许你采取免罚补救。

• 一般情况下，你采取补救的方式是根据最近完全补救点的位置把球抛在一个补救区内。本规则也阐述了你的球在普通区内陷入自身的落痕中时的免罚补救。

规则 17　罚杆区

本规则是一条针对罚杆区的特定规则。罚杆区是球场上的水域或委员会标定的其他区域，球在其中经常遗失或不可打。你被罚 1 杆后，可以使用特定补救选项在罚杆区外打一个球。

规则 18　一杆加距离补救；球遗失或出界；暂定球

本规则按照一杆加距离的处罚采取补救的情况。当你的球在罚杆区之外遗失或静止在界外时，从发球区到球洞的规定打球过程被中断，你必须从上一次击球的地点再次击球以恢复这个过程。

本规则还阐述了当你的比赛中球可能出界或在罚杆区外遗失时，为了节省时间可以打一个暂定球的方式和场合。

规则 19　不可打之球

本规则关于不可打之球的补救选项。这条规则允许你在球场上的任何地方（罚杆区除外）选择其中一种方式脱离困境，但通常要被罚 1 杆。

规则 20　一轮比赛中解决规则问题；裁判员和委员会的判决

本规则关于在一轮比赛中有规则问题时应如何处置，包括允许你为保护事后获取判决的权利的处置程序（该处置程序在比洞赛和比杆赛中有差异）。

本规则还阐述裁判员的角色，他们得到授权后可以判定事实问题并执行规则。裁判员或委员会的判决对所有球员均有约束力。

规则 21　个人比杆赛和比洞赛的其他赛制

本规则关于另外四种个人比赛赛制，其中包括以下三种计分方式和常规比杆赛不同的比杆赛赛制：定分式比赛（各洞按得分计分）、封顶赛（你在各洞的杆数被设定了上限）和标准杆比赛/波基比赛（按比洞赛的方式逐洞计分）。

规则 22　四人两球赛（也称为轮换击球赛）

本规则关于四人两球赛（既可用于比洞赛，也可用于比杆赛）。在此赛制中，你和你的伙伴组成一方参赛，你们每人都分别各打自己的球。一个球洞中，你们两人之间杆数较低的那个人的成绩就是你这一方在该洞的成绩。

这种赛制既可用于比洞赛，也可用于比杆赛，在比赛中你和你的伙伴组成一方参与比赛，在各球洞两人以轮换的顺序击打一个球。你或你的伙伴在各洞必须轮换打球以开始一洞的比赛。任何罚杆不改变你或你的伙伴进行下一次击球的顺序。

规则 23　四球赛

本规则关于四球赛（既可用于比洞赛，也可用于比杆赛）。在此赛制中，你和你的伙伴组成一方参赛，你们每人都分别各打自己的球。一个球洞中，你们两人之间杆数较低的那个人的成绩就是你这一方在该洞的成绩。

规则 24　团体赛

本规则关于团体赛（它既可以是比洞赛也可以是比杆赛）。在此赛制中，多名球员或多方组成一支队伍参赛,他们在各轮或各场比赛的结果综合起来形成团体的总成绩。

拓展阅读

最早的高尔夫规则:十三条高尔夫比赛黄金规则

　　最早诉诸文字的高球比赛规则起草于 1744 年的 3 月 7 日,一共有 13 条,是由当时的"Leith 绅士高球手俱乐部"——史称"爱丁堡高球手荣誉团体",为当年 4 月 2 日要举行的会员比赛所起草的。这 13 条记载在羊皮纸上的高球规则就是高尔夫历史上最早的法典,自此,高尔夫运动从个人约定的游戏变成一项规范的运动。

　　爱丁堡高球手荣誉团体成立于 1744 年,是有据可考的最古老的高尔夫俱乐部。十年后才有苏格兰皇家古代高尔夫俱乐部问世。据说,该俱乐部由 22 个贵族和绅士组成,他们进行比赛,来争夺一根银制球杆。比赛在苏格兰的 Leith 球场进行,当时的 Leith 球场只有 5 个洞,所谓的 Tee 也就是一些小沙堆而已。在当时,第一个高尔夫球固定在爱丁堡城市委员会赠送的银球杆上。第一个胜利者是爱丁堡的一名外科医生,John Rattray,他被授予了"高尔夫首领"称号。银球杆获胜者将成为下一年的"首领",这一做法成了传统。不过,最初的规则却是在一百多年后的 1937 年才被 CB Clapcott 先生在爱丁堡高球手荣誉团体的小册子的最后两页内发现。这两页记载了完整的最初 13 条规则和第一位高尔夫首领的签字。他的签字是这样写的"John Rattray Captain of the Golf 1744, March 7, 1744"。

　　当时的规则非常简单,每条只有一两句话,一页纸就囊括了全部内容,但是规则的内容非常基础。这十三条规则的基本内容如下:

　　规则一:你必须在距洞一支球杆长度范围内开球(当时还没有真正的 T 台,球进洞后接着打下一洞);

　　规则二:你的 Tee 必须在地面上(当时的 Tee 由小沙堆形成);

　　规则三:在比赛中不允许更换高尔夫球(现在的"一球制"原则);

　　规则四:不能为了打球方便而移动石块、骨头、树枝等,除非在该洞的果岭上,但只能清除距球一杆范围内的面积;

　　规则五:如果你的球落入水或其他水沼泽,你可以将球取出放在水障碍后开球,并因此让对手一杆(最早的加罚 1 杆规定);

　　规则六:无论在任何地方,如果你的球跟其他球碰到了一起,要把原来的球拿起,直到把球打完;

　　规则七:在推球入洞时,要诚实地打自己的球,不要做小动作如使自己的球碰对方的球;

　　规则八:如果你的球遗失,你要返回到上一次击球的地方再打一个球,同时让对手一杆(罚杆和距离);

　　规则九:在推球入洞时,不允许任何人用球杆或其他来标识他的球路;

　　规则十:如果球被任何人、马、狗或者其他的任何事物所阻止,应该在球的现有状态下继续打球;

　　规则十一:如果挥杆球杆击球,造成球杆断裂,则在自己的杆数上加一杆;

　　规则十二:距离洞最远的球手应最先击球;

　　规则十三:用于保障林克斯球场的沟渠、壕沟和堤坝等不视为球场障碍。球可以从中取出，并用任何铁杆进行击打。

1754年，这些规则被圣安德鲁斯俱乐部，也就是后来的圣安德鲁斯皇家古代高尔夫俱乐部几乎全部运用到他们的比赛中，这也是后来圣安德鲁斯俱乐部制定完整规则的基础。此后，一些新的俱乐部也增订适合自己情况的规则。

资料来源：《高尔夫人》画报。

参 考 文 献

[1] 吴亚初.高尔夫概论[M].北京：人民体育出版社,2011.

[2] 吴亚初,李康,谭晓辉.现代高尔夫俱乐部经营与管理[M].北京：人民体育出版社,2016.

[3] 吴亚初,陈琦.高尔夫竞赛组织与规则裁判法[M].北京：人民体育出版社,2012.

[4] 吴亚初,李康,李浩.大学生高尔夫文化讲堂[M].北京：人民体育出版社,2016.

[5] 吴亚初,张毅.高尔夫说"道"：当代中国白领高尔夫运动导读[M].广州：广东经济出版社,2009.

[6] 吴亚初,陈琦.高尔夫礼仪文化概论[M].北京：人民体育出版社,2015.

[7] 王继军,黄志勇.校园高尔夫[M].北京：高等教育出版社,2019.

[8] ［美］保罗·G.申普,［瑞典］彼得·马特松.高尔夫运动从入门到精通[M].北京：人民邮电出版社,2018.

[9] 吴克祥.高尔夫产业概论[M].北京：中国旅游出版社,2014.

[10] 徐成响,张从彬,刘建伟.乐挥高尔夫：从零到灵[M].北京：旅游教育出版社,2016.

[11] Golf around the world 2019[EB/R].www.randa.org.

[12] Golf and Health 2016－2020[EB/R].www.randa.org.

[13] 詹新寰.中国高尔夫产业发展研究——基于SCP框架的分析[D].北京：北京体育大学,2009.

[14] 中国高尔夫球协会[EB/OL].www.cgagolf.org.cn,2021－05－06.